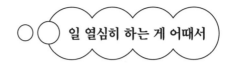

일 열심히 하는 게 어때서

황상민의
성격상담소

5

일 열심히 하는 게 어때서

에이전트의
뿌듯한
자기 찾기

시심

뿌듯한
자기 찾기

지구별을 표류 중인 여행자 여러분.

안녕하세요.

저는 셜록 황의 상담을 번역하는 인공지능 로봇 W-Tbot(WPI translating robot)입니다.

일본 작가 나쓰메 소세키가 소설 《나는 고양이로소이다》에서 고양이를 1인칭 관찰자로 등장시킨 적 있지만 단언컨대 번역 로봇이 화자인 책은 우리 은하 최초가 아닐까요?

셜록 황은 10년 넘은 연구 끝에 한국인을 위한 성격 검사인 WPI를 개발한 뒤 이를 활용해 한국인이 겪는 고통의 정체를 파악하고 해결하는 일에 매진 중입니다. 저는 WPI, 그리고 WPI를 활용해 상담한 내용의

이해를 돕기 위해 개발된 W-Tbot이고요. 앞으로 저와
함께 셜록 황의 촌철살인 솔루션을 쉽고 재미있게
들여다보게 될 것입니다.

셜록 황은 쉬운 말로 상담하지 않지만 충분히
재밌습니다. 그 이유는 아이러니하게도 일반적인
통념이나 틀을 획일적으로 적용하지 않기 때문이에요.
이런 면 때문에 어렵다고 느끼는 사람도 있고
복잡하다는 사람도 있어요. 심지어 위험하다고
생각하는 사람도 있죠. 당연하다고 믿었던 사고 패턴을
뒤흔드는 이야기는 그렇게 양가적 반응을 일으키게
마련입니다.

셜록 황의 이야기가 어렵다고 느끼는 분들은 "사람
사는 게 다 비슷하지, 뭐"라고 생각할 가능성이 높아요.
그런데 정말로 사람이 다 거기서 거기일까요? 셜록 황은
"사람마다 다르고 상황마다 다르다"고 얘기해요.

이 명제를 그동안 다양한 경험과 연구로 확인
했거든요.

셜록 황의 WPI 성격 검사에 따르면 인간의
마음은 다섯 가지 대표적인 특성에 따라 **리얼리스트**,
로맨티시스트, **휴머니스트**, **아이디얼리스트**, **에이전트**의
경향으로 드러납니다. 일상생활에서 흔히 쓰는 말이
아니라서 단번에 와 닿지 않는 단어도 있을 겁니다.

우선 지금까지 사용해온 각 낱말의 쓰임을 고이 접어 주머니 속에 넣어두세요. 왜냐하면 단어의 의미가 중요한 것이 아니라 이 단어가 나타내는 특성을 지닌 사람이 지구별에서 어떤 행동을 하는지 관찰하는 것이 더 중요하니까요.

각자 다른 방식으로 자기 찾기 중인 지구별 사람들의 이야기를 다섯 권의 작은 책에 담았습니다.

리얼리스트는 진정한 내가 누구인지 알기 위해 여러 사람과 '관계 맺기'를 간절히 추구하지요. 다양한 관계 속에서 비로소 안정감을 얻으며 살아 있다고 느낍니다.

로맨티시스트는 '아름다운 나'를 찾겠다는 의지로 거짓 없는 자신의 느낌을 끊임없이 확인합니다. 한없이 든든하고 신뢰할 만한 누군가에게 의탁하고 싶어 하면서도 한편으론 스스로에 대한 확신을 얻으려 여기저기 헤매죠.

휴머니스트는 누구에게나 '멋있고 의리 있는 나'를 갈망합니다. 분명한 기준과 틀(규범)이 멋진 나를 완성해준다고 믿지요.

아이디얼리스트는 다른 사람과 구별되는 '남다른 나'를 고대합니다.

마지막으로 에이전트는 전력을 다해 이룬 성과로 뿌듯함을 누리고 싶어 합니다. 실적에 따른 합당한 보상을 받을 때 '보람찬 나'를 만나게 됩니다.

이 책은 에이전트 이야기를 다룹니다. 에이전트는 스스로 과제를 수행하면서 뿌듯한 자기 모습을 찾고 싶어 합니다. 자기가 공들인 만큼 성과가 있을 때 보람을 느끼며 행복해하지요. 여기서 보람은 누가 잘했다고 칭찬하느냐 마느냐가 아니라 스스로의 판단으로 결정이 납니다. 자신이 느끼기에 보람 있게 산다고 생각할 때 자기 존재를 가치 있게 여기는 종족이 에이전트입니다.

· 차례 ·

자기평가 나는 어떤 성격 유형일까	리얼리스트 realist	로맨티시스트 romantist
타인평가 내가 중요하게 생각하는 가치는 무엇일까	릴레이션 relation	트러스트 trust
	사교적, 외향적, 활동적, 개방적 태도. 유쾌하고 활동적인 모습을 지향. 사람들에게서 에너지를 받으며 긴 침묵이나 고립을 견디지 못함.	성실하고 정서적으로 안정되어 있으며 주위 사람에게 믿음직스러운 모습을 보이고 싶어 함. 새로운 방식이나 변화를 좋아하지 않고 긴박한 상황을 부담스럽게 여김.

자기평가 · 나는 어떤 성격 유형일까

WPI 자가 진단 툴에서 '내가 생각하는 나' 체크리스트를 검사한 결과지를
바탕으로 진단한다. 자기평가 항목에는 다섯 가지(리얼리스트,
로맨티시스트, 휴머니스트, 아이디얼리스트, 에이전트)가 있으며 진단 결과
점수가 가장 높은 것이 그 사람의 '성격 유형'을 나타낸다. 예를 들어
리얼리스트 항목 점수가 가장 높으면 그 사람을 '리얼리스트 성향',
'리얼리스트 유형'이라고 부른다.

휴머니스트 humanist	아이디얼리스트 idealist	에이전트 agent
매뉴얼 manual	**셀프** self	**컬처** culture
관리, 통제하려는 속성이 강하며 기존의 틀이나 규범을 준수하려 함. 자기만의 틀에 맞추려다 보니 고집을 강하게 부리는 경우가 많아 유연성이 떨어짐.	개성이 강하며 무엇보다 자기 자신이 중요하고 혼자서도 잘 지냄. 타인에 대한 관심과 몰입도가 떨어지고 호기심이 여기저기로 자주 옮겨감.	지적, 문화적, 예술적 향유를 중요하게 생각하며 여유롭고 멋진 삶을 지향. 취향과 코드가 분명하고 자기만의 세계를 추구함.

타인평가 · 내가 중요하게 생각하는 가치는 무엇일까

WPI 사가 진단 툴에서 '주변 사람이 생각하는 나' 체크리스트를 검사한 결과지를 바탕으로 도출한다. 타인평가 항목에는 다섯 가지(릴레이션, 트러스트, 매뉴얼, 셀프, 컬처)가 있다. 검사 결과 점수가 가장 높은 것이 '그 사람이 중요하게 생각하는 가치'를 의미한다. 예를 들어 릴레이션 점수가 가장 높으면 그 사람은 '릴레이션을 삶에서 가장 중요하게 여긴다'고 진단한다.

— 나는 다른 사람에게나 일을 할 때
　믿음직한 사람이다.

— 나는 누가 시키는 것을 따르기보다
　내 스타일대로 하는 편이다.

— 나는 계획에 변동이 생기면 초조해진다.

— 나는 다른 사람들이 떠들어도
　내 일에 몰두할 수 있다.

— 나는 맡은 일을 철저하게 수행한다.

1

저 과녁이 내 과녁일까 · · · · · · · ·

누군가 목표를 정해주면 좋겠어요

누구에게나 '일'은 삶의 중요한 영역입니다.
기본적으로는 의식주를 해결해줄 토대이자 자아실현의
도구로 여겨지지요. 여기, 세 번의 이직에도 여전히
갈팡질팡하는 직장인이 있습니다. 사연을 보낸 분은
어떤 고민을 하느라 에너지를 고갈당하고 있는지
살펴봅시다.

실내건축학과를 졸업한 저는 스물아홉 살까지
건축, 인테리어, 웹디자인 일을 했어요. 이쪽
업계의 소규모 회사는 프리랜서 사장과 함께
일하는 경우가 많아 보수가 시장의 사정에 따라
달라집니다. 그처럼 환경의 영향을 받는지라
수입은 늘 불안정했고 저는 그냥 프리랜서나
아르바이트를 하는 게 낫겠다 싶어 회사를
그만두었습니다.

그런데 직장에 속하지 않고 자유롭게 일하는
것도 만만치 않더군요. 거의 2년간 쉬엄쉬엄
일하면서 세월만 보내버리고 말았네요. 고정
수입의 필요성을 절감한 저는 할 수 없이 카드회사
고객센터에 들어갔습니다. 업무 자체는 나쁘지
않았지만 고객센터라는 곳이 고객의 불만을
다루는 곳이다 보니 하루 종일 회사를 대신해 온통
죄송, 죄송, 죄송하다는 말만 해야 했지요.
"불편을 드려 죄송합니다. 빠르게 처리하지 못해

죄송합니다."

제가 잘못한 것도 아닌데 매일 욕을 먹고 마냥
사죄해야 하는 일이었어요. 하루는 거기에서
친해진 동기가 그러더군요.

"너는 차라리 영업직이 더 어울리겠다."

어쩌면 그럴 수도 있겠다 싶어 퇴사 후
보험설계사로 입사했습니다. 안정적인 대기업에다
새로운 것을 배운다는 설렘에 처음에는 무척
좋았지요. 지금도 그리 나쁘지는 않아요.
갈수록 보험 지식이 쌓이면서 고객 수준에 맞춰
보험설계를 해주는 일이 즐겁고 뿌듯하기도 합니다.
그런데 실적이 별로 좋지 않네요.
월수입이 괜찮을 때는 200만 원, 좋지 않을 때는
80만 원에서 100만 원을 왔다 갔다 합니다.
저는 상품은 성실히 안내하긴 하는데 고객
유치에는 자주 실패합니다. 오히려 여기에서는
"넌 고객센터가 더 어울려"라는 말을 듣고 있지요.
제가 소심한 것인지, 열정이 없는 것인지 아니면
욕심이 없는 것인지 잘 모르겠습니다. 대체 제가
원하는 것은 무엇일까요?
그렇다고 제가 떼돈을 바라는 것도 아니거든요.
안정적인 전문직, 전공을 살릴 수 있는 직업을 갖고
싶은데 그게 여의치 않네요. 제가 어디로 가는
건지 알지 못한 채 방향을 잃고 하염없이 걷고

있는 것 같습니다. 누군가가 '네 사명은 산 정상에
오르는 거야'라거나 '저기 서쪽 해안가에 도달하는
거야'라고 정해주면 힘들어도 묵묵히 갈 텐데
말이에요.
건축 분야는 스펙이 좋지 않아 그동안 불안정한
프리랜서 사장이 경영하는 소규모 회사 외에는
취업에 실패했어요. 실적이 저조한데 그저 착한
안내원 같은 보험설계사 일을 계속해야 할까요?
아니면 다른 일을 알아봐야 할까요? 다른 일을
찾는다면 어떤 직종이 제게 적합할까요?

"29년 동안 살면서 세 가지 직업을 경험했는데 여태
해온 일이 정말 자기한테 맞는 일인지 확신하지 못하고
계시군요."
　　내담자 이야기를 다 듣고는 셜록 황이 이분 상황을
한마디로 이렇게 정리했습니다. 다시 말해 전공을
살리기에는 자신이 없어 호구지책으로 선택한 일이
맞지 않아 타인의 평가에 맞춰 옮긴 직업에 대해서도
물음표를 던지는 상황입니다. 심지어 '이 일이 아니라
원래 네가 하던 일이 너에게 더 잘 맞아'라는 평가를
받고 있어요.

　　이분, 그래도 자신의 특성은 잘 파악하고 있습니다.
안정적인 전문직, 전공을 살릴 수 있는 직업을 갖고

싶은데 그게 여의치 않을 뿐이죠. '제가 어디로 가는 건지 알지 못한 채 방향을 잃고 하염없이 걷고 있는 것 같습니다'라고 탄식하며 차라리 누가 미션을 딱 정해주면 힘들어도 묵묵히 갈 거라고 말합니다. 누구도 자신에게 가야 하는 목적지와 방향을 일러주지 않아 어디로 가야 하느냐고 묻는 거죠.

• • •

그건 누가 가르쳐주는 게 아니라 스스로 찾아야 하는 거라고요? 물론 직접 자기 길을 개척하는 사람도 있지만 개중에는 '정해주기만 하면 끝까지 걷겠습니다'라는 자세로 기다리는 유형도 있어요. 이런 유형은 누군가가 지시해주지 않아 뭘 해야 할지 모르겠다며 혼란스러워합니다. 자신감과 셀프가 낮은 사람은 더욱더 그렇지요.

WPI 프로파일•에서 셀프는 '난 이런 사람이야'라는 자기 인식으로 정의합니다. 셀프가 바닥인 사람은 '저 산 꼭대기까지 올라가라', '이 일을 하라'는 명령을

• 자기평가와 타인평가 검사 결과를 그래프로 도식화한 것. 프로파일을 통해 그 사람의 성격 유형이 무엇인지, 또 삶에서 가장 중요하게 생각하는 가치가 무엇인지 파악할 수 있다. 즉, WPI 프로파일은 그 사람의 특성이 무엇이며 현재 어떤 상황인지를 알려주는 도구다. WPI 프로파일은 WPI 자가 진단 웹사이트 https://check.wisdomcenter.co.kr에 접속해 검사하면 확인할 수 있다.

받으면 성실하게 수행하지요. 보다시피 이분은 '제겐 아무런 힘이 없어요. 저도 뭐든 하고 싶은데 할 줄을 몰라요'라는 핑계를 대지 않아요. 셀프가 높기 때문이죠.

이분은 안정적인 전문직, 전공을 살릴 수 있는 직업을 갖고 싶어 합니다. 여기서 안정적이라는 말은 일정한 수입, 분명한 목표 그리고 유동적이지 않은 환경을 의미하죠.

여기에 부합하는 대표적인 직업이 공무원입니다. 실제로 이분이 공무원이 되었다면 맡은 일을 만족스럽게 잘 처리했을 거예요. 군인이나 선생님 같은 직업도 괜찮죠. 그런데 안타깝게도 처음 입사 테이프를 불안정한 프리랜서 사장 아래에서 끊으면서 인생이 꼬이기 시작한 겁니다.

건축 분야는 남들에게 "저는 건축 쪽에서 일합니다"라고 전문성을 드러낼 수 있기에 문제될 게 없어요. 다만 소규모 회사라면 매출을 올리기 위해 비즈니스도 겸해야 하는데 그 부분이 괴로웠을 것입니다. WPI 프로파일을 보면 이분은 에이전트입니다. 즉, 주어진 일과 맡은 바 임무를 해내면 흡족해하는 유형이지요.

설령 스파이 노릇을 할지라도 에이전트는 임무를

실행할 때 굉장히 멋있어요. 반면 해야 할 일이 없으면 갑자기 아무것도 하지 못하는 좀비가 됩니다. 이럴 때는 직접 과제를 설정해서 일해야 하는데 그 전제 조건이 뚜렷한 목적의식과 주위 사람의 끊임없는 독려입니다.

아쉽게도 이분은 스스로 선명한 지향점을 만들기가 어려워요. 에이전트는 주변 사람과 공감대를 형성하거나 함께 일하는 것을 상당히 힘들어하지요. 혼자서 자기 과제를 수행하는 것에 익숙하고 그걸 좋아하거든요.

WPI 프로파일에 따르면 이분, 릴레이션이 바닥입니다. "영업직이 낫겠다"는 주위의 평판에 따라 영업직으로 갔지만 W-Tbot의 데이터에 따르면 이 유형에게 영업은 천직이 아니에요. 직장 동료들은 이분이 척척 결과를 내고 제법 성과도 올리니 영업직을 추천한 모양입니다. 물론 이분은 실적 쌓는 것을 좋아하지만 그건 스스로 사람들과 연계해서 낸 성과가 아닙니다. 그저 남이 규정해준 성과일 뿐이지요.

• • •

보험설계사 일을 처음 배울 때는 괜찮았을 겁니다. 고객에게 보험 상품을 소개하는 데도 능숙하고요. 한데 정작 계약을 성사시키는 일에는 약합니다. 왜 그런 것일까요? '설명'만 잘하기 때문이에요.

고객이 보험에 가입할 때는 무엇을 보고 결심할까요? 보험 상품으로 누리게 될 혜택일까요? 만약 이 질문에 '그렇다'라고 생각하는 분은 영업직에 도전하지 마세요. 정답은 보험설계사라는 사람 자체에 있어요.

보험이든 화장품이든 사람과의 관계 속에서 영업을 할 때는 제품의 질이나 서비스보다 판매자가 전해주는 느낌이 계약 성사 여부를 좌우합니다. 즉, 고객은 마음이 끌려야 지갑을 열지요. 특히 비슷한 상품이 많고 그중에서 하나를 선택해야 할 때는 판매자 특유의 아우라가 소비자의 마음을 움직입니다.

내담자는 신뢰감은 주는데 고객에게 울림은 주지 못해요. 그냥 수학공식처럼 행동하기 때문이죠. 가령 1+1=2처럼 딱딱한 기계 멘트만 들려줄 뿐 오가는 정이 느껴지지 않는 겁니다. 이분은 정서적 교류 측면에서는 매력이 반감되고 있어요.

실제로 에이전트는 고객 앞에서 자신의 감성을 드러내며 설득하는 데 한계가 있지요. 이분의 강점은 보험 상품을 정확하고 능숙하게 설명하는 데 있어요. 단, 이분의 역할은 여기까지입니다. 그다음에는 감수성이 풍부한 동료에게 바통을 넘겨줘야 합니다. 그 동료의 마무리 멘트에 고객은 홀린 듯 계약서에 사인할 것입니다. 성과는 몇 배로 오르겠죠.

"저분에게 설명을 잘 들었죠? 참으로 믿음직한
분입니다. 저분은 한 번 인연을 맺은 고객은 평생
관리하는 '신용 지킴이'입니다."

이것은 홈쇼핑 방송에서 쇼호스트와 전문가가 짝을
이뤄 마케팅하는 것과 같아요. 일단 전문가가 해당
상품의 특징을 상세하게 해설하면 쇼호스트는 뭐라고
합니까?

"제가 써봤더니 물광 피부가 되었어요. 이 윤기 좀
보셔요."

자신의 경험담에 어쩌고저쩌고 얘기를 덧붙여서
지원사격을 하지요. 살짝 흥분해서 감동을 쥐어짜는
말과 행동을 보통 '설레발을 떤다'라고 표현하잖아요.
물건을 팔 때는 이것이 잘 먹힙니다. 고객이 긴가민가할
때 쇼호스트가 설레발을 떨면 "저 호스트도 나랑
비슷한 심정인가봐. 쇼호스트가 저렇게 예뻐졌으니
나도 저것만 바르면 예뻐지겠지?"라며 자신도 모르게
마음이 들뜹니다.

홈쇼핑 사례와 비교해보면 이분은 전문가 쪽 능력은
출중하지만 설레발에 해당하는 쇼호스트 역에는
어울리지 않아요. 그 역할은 스스로 해결하기보다
주변의 도움을 받으세요. 시스템에 변화를 주지 않으면
아무리 성실하게 설명해도 애쓴 보람도 없이 가입
실적이 나아지지 않을 겁니다.

이분은 주어진 과제는 잘 수행하지만 직접 목표를
설정하는 일은 생각조차 해본 적이 없어요. 그동안
누군가가 숙제를 내주면 열심히 풀겠다는 태도로 일해
왔거든요. 세일즈에서 영업 목표는 누가 세웁니까? 대개
상사죠.

이분에게는 그런 상황이 치명적 결함으로
작용했어요. "월수입이 괜찮으면 200만 원, 아닐 때는
80만 원에서 100만 원을 왔다 갔다 한다고 했는데
그러면 이 계획은 누가 세웠을까요? 적어도 이분은 아닐
겁니다.

현재 내담자는 누군가가 '저 산에 올라가라', '저
해안을 점령하라' 하는 지령을 내려주길 기다리고
있습니다. 이분은 세일즈 목표를 스스로 정할 수 있다는
가장 중요한 사실을 모르고 있어요. 그냥 이번 달에
목표를 200만 원으로 세우고 완수하세요. 마치 지령을
내려받듯 스스로 목표를 정하면 그만입니다.

이분의 WPI 프로파일을 보면 셀프가 상당히
높아요. 아이디얼리스트 성향은 셀프보다 낮고요.
그리고 리얼리스트가 에이전트만큼 높네요. 그러니까
이분은 손수 과제를 정하기보다 누군가가 지시를
내리면 막연히 그걸 따르면서 '내 목표'라고 여겨온
겁니다. 그것이 자기 과녁인지 남의 과녁인지도 모르고

분부대로 화살만 쏘니까 방향을 잃은 채 하염없이 걷는 기분을 느끼는 것이지요.

타인이 명확히 지시하면 어떤 장애도 극복할 수 있다고 했죠? 그걸 스스로 이렇게 지시하세요.

'너는 직접 계획표를 작성할 수 있어. 이번 달 매출을 200만 원으로 잡아. 이제 이번 달 매출액은 200만 원이다. 해봐.'

이분은 실력이 부족하거나 자존감이 낮은 게 아니라 인생을 어떻게 살아야 하는지 게임의 법칙을 모르는 겁니다. 물론 자기 나름대로 고민은 많이 했어요. 단지 그동안 이런 말을 시원하게 듣지 못한 것뿐입니다.

"과제는 누가 대신 정해주는 것이 아니라 네가 하는 거야. 네게는 재능이 있어. 확실한 목표가 있으면 신나서 일을 하잖아."

이제부터 직접 계획을 짜세요. 물론 쉬운 일은 아니에요. 이건 인생의 아이러니지요. 내 삶임에도 불구하고 스스로 임무를 부여하는 게 어려우니까요. 그렇다고 평생을 다른 누군가의 명령대로 살 수는 없잖아요.

우리는 어릴 때부터 부모나 스승에게 숙제를 받으며 자랐습니다. '이걸 풀면 나중에 잘될 거야'라는 교육을 받아왔죠. 이것은 일종의 노예 되기 훈련인데 심리학에서는 '학습된 무력감'이라고 표현합니다.

이런 유형과 대화를 하다 보면 흔히 도돌이표를 그리기 일쑤입니다. 예를 들면 다음과 같은 식이지요.

"그냥 하면 됩니다."

"진짜 돼요?"

"뭐가 문제인가요?"

"저는 이래서 못하고, 저래서 못해요."

"그럼 하지 않으면 되잖아요."

"그래도 하고 싶어요."

"그럼 하세요."

"그런데 이게 걸리고, 누구 때문에 안 될 것 같아요."

내담자는 문제의 핵심을 파악하지 못한 상태에서 '이 일을 계속해야 하나요? 아니면 다른 일을 찾아야 하나요?'라고 흑백논리로 답을 찾고 있어요. 그러다 보니 자신에게 꼭 필요한 해법을 발견하지 못하고 있지요. 이분이 보험설계사로서 역량을 인정받으려면 좋은 파트너를 만나거나 과제를 직접 정해야 합니다. 지금까지 해온 방식을 과감히 버려야 하지요. 좀 더 현명하게 접근해야 한다는 얘기입니다.

• • •

다른 일을 더 현명하게 하는 것은 어떠냐는 질문이 나올 수도 있겠네요. 하지만 지금까지 해오던 일도 제대로 못하는데 다른 일을 더 현명하게 할 수 있을까요? 더구나 그 다른 일이 뭔지 모르잖아요.

가령 우리가 길을 가고 있다고 해봅시다. 그때 누군가가 "야, 걷지 말고 뛰어!"라고 외치면 어떻게 할까요? 그러거나 말거나 더 잘 걷는 방법을 고민하는 사람도 있겠지만 대개는 엉겁결에 뛰다가 넘어지고 맙니다. 걷지도 못하는데 뛰라는 말을 듣고 따라 했으니 당연히 자빠지지요.

셜록 황은 자신이 하는 일이 힘들다고 하소연하는 청년들을 많이 만납니다. 그들은 흔히 묻지요.

"이 일이 제 적성에 맞나요? 이것 말고 다른 분야를 찾는 것이 더 낫지 않을까요? 이직하는 것은 어떨까요?"

그때 셜록 황은 오히려 되묻습니다.

"왜 소질이 없다고 생각하나요? 지금의 일에서 가장 큰 문제는 무엇인가요?"

이런 문답을 통해 청년들은 자신이 현재 직면한 문제의 원인을 이해하지 못했다는 사실을 자각하곤 합니다.

사람들은 보통 힘들고 고통스럽다는 이유로 지금의 일을 그만두고 다른 무언가를 시도할 궁리를 합니다. 그러면 훨씬 더 나아질 거라는 기대를 하면서 말이지요.

지금의 일을 피해 다른 분야로 바꿔도 또다시 그 지점에서 반복적으로 실수하거나 시련을 겪게 마련입니다. 엎어진 그곳에서 해결하지 못하면 장소를 바꿔도 또 거꾸러지고 말지요.

이러한 현상을 '술 취한 아저씨가 가로등 불빛 아래서 지갑을 찾는 행동'이라고 합니다.

여기, 술 취한 아저씨가 가로등 불빛 아래서 열심히 잃어버린 지갑을 찾고 있습니다. 지나가던 사람이 같이 찾아주지만 아무리 살펴봐도 지갑이 보이지 않네요. 그러자 지나가던 사람이 묻습니다.

"아저씨, 정말로 지갑을 여기서 잃어버렸어요?"

"아뇨, 저쪽 골목에서 흘렸어요."

"그런데 왜 여기에서 찾으셔요?"

"저쪽 골목은 어둡잖아요. 밝은 곳에서는 잘 보일 것 같아서 열심히 찾고 있지요."

환한 곳인지 컴컴한 곳인지는 중요하지 않아요. 어느 골목에서 지갑을 잃어버렸는지 알고 확인하는 일이 더 중요하죠.

마찬가지로 이분은 먼저 자신이 지금까지 해온 일에서 원하는 결과를 얻지 못한 까닭을 알아야 합니다. 실력은 충분한데 자기 역량을 있는 그대로 발휘하지 못한 것이 본질이에요. 다른 직종을 고르는

것은 사소한 문제지요. 자신을 알아야 문제의 해답을
찾을 수 있습니다.

2

당신은 사기 캐릭터 · · · · · · · ·

나는 왜 저 사람이 짜증날까

겉보기에 당당하고 멋져 보이는 사람도 속사정을
파고들면 고민 몇 개쯤은 끌어안고 살지요. 어쩌면
그건 인간의 숙명인지도 모릅니다. 이번엔 능력이
출중한 한 직장 여성이 고민을 털어놓았습니다. 평범한
듯 평범하지 않은 사연과 셜록 황의 응답이 자못
궁금해집니다.

언니와 남동생 사이에 끼어 둘째로 태어난 직장
여성입니다. 첫째로 태어나 사랑을 듬뿍 받으며
전교 1, 2등을 다투다 명문대에 들어간 언니에 비해
저는 상대적으로 공부를 못했어요. 전교 3등까지는
해봤지만 부모님이 별로 기뻐하지 않아 대학에
가지 않으려는 마음까지 먹었었지요. 엄마는
그나마 엄마의 자존심에 상처가 덜 갈 만한 학교를
권했으나 일부러 수능 점수를 엄청 남겨가며 집과
가까운 사립대학에 입학했어요. 잘난 언니와
아들이라는 이유로 주목받는 남동생에 비해 저는
아파야 겨우 관심을 받는 딸이었습니다. 제가
예민한 편인데 그것이 이런 환경에서 비롯된 것은
아닌가 싶네요.
어린 시절, 부모님은 하루가 멀다 하고 다퉜습니다.
엄마보다 열 살이 많아 고지식한 아빠와 여기에
도발하는 엄마, 또 그걸 그냥 넘기지 못하는
아빠 때문에 늘 볼썽사나운 모습을 봐야 했지요.

그때마다 피해자 코스프레를 하며 제게 하소연하는
엄마가 너무 싫었어요. 비록 아빠 성격이 유별나서
상대적으로 엄마가 괜찮아 보이긴 하지만
제 입장에서는 엄마나 아빠나 도토리 키 재기입니다.
부모님은 제가 어렸을 때는 방관자였고 커서는
가해자였습니다. 제가 취직을 하자마자 부모님의
신경은 제 돈에 집중되었지요. 부모님에게 저는
월급 통장을 내놓지 않는 이기적인 딸, 용돈을 팍팍
주지 않는 나쁜 딸입니다. "결혼은 네 돈으로 해야
한다"라고 하면서도 "왜 너는 부모를 해외여행도
보내주지 않니!", "내 친구 딸은 월급을 통장째
맡긴다더라" 하는 잔소리를 늘 들어야 했지요.
사실 자식이 월급을 통장째 맡기는 집은 부모님이
자식에게 자동차도 사주고 월급만큼 용돈을 주거나
카드대금을 내주는 집안이에요. 저는 고등학교를
졸업한 뒤로 생일 선물조차 받아본 적이 없고요.
제 부모님은 싸구려 옷을 입으면 수준이 낮아
보이니 비싼 옷을 입고 다니라는 간섭만 할 줄
압니다.
삼남매가 이 어려운 시기에도 직장을 턱턱 구해
잘 다니니까 부모님은 자랑만 할 뿐, 마음으로
보살펴야 할 자식으로 여기지 않습니다.
좀 재수 없게 들릴지도 모르지만 지금껏 저는 운이
좋은 편이었어요. 시험에서 떨어진 적이 한 번도

없었으니까요. 남들처럼 힘들게 노력하지 않아도 공부를 웬만큼 했고 먹어도 살이 덜 찌고 외모도 준수한 편입니다.

그런데 올해 들어 40대 후반의 동료와 함께 일하면서 힘들어졌어요. 우선 그 사람은 상상을 초월할 만큼 일을 못합니다. 세 번이나 설명을 해줘도 이해를 못하는 수준이에요. 그러면서 문제가 생기면 그 원인이 제게 있다며 계속 뒤집어씌웁니다. 자꾸만 제가 설명해주지 않았다며 사슴 같은 눈망울로 울먹울먹하네요. 그 뒤로는 메신저로 대화합니다. 기록도 남기고 건망증이 심한 그분이 좀 편해지라고요.

문제는 제가 이분에게 그리 너그럽지 못하다는 데 있습니다. 일할 때마다 분통이 터져요. 왜 저는 이런 사람을 만나면 갈등이 생기는 걸까요? 대화가 잘 통하지 않고 비이성적, 비상식적인 사람과 만나면 언제나 이와 비슷한 문제에 부딪힙니다. 물론 저는 제가 섬세하고 업무적으로 엄격하다는 것을 압니다. 그 기준을 제게만 적용하고 타인에게는 요구하지 않으려고 애쓰는데 다 큰 성인이 무조건 남 탓을 하며 앞뒤가 맞지 않는 변명을 하면 완전히 정나미가 떨어집니다. 어떤 때는 부럽기도 해요. 일을 못하니 일도 덜 주어지고 불쌍한 척하면 사람들이 착한 줄 알고

동정하니까요. 이런 사람을 만나도 잘 지내고
자책하지 않으며 집에 돌아오면 회사를 모두 잊을
방법은 없을까요?

'착하다'고 하면 사람들은 흔히 무능력을
떠올립니다. 내담자는 그 착한 분 때문에 고민하는
것이네요. 인공지능 로봇인 제가 쌓아온 데이터에
의하면 대개 일을 못하는 사람을 에둘러 표현할 때
"착하다"라고 하더군요. 누군가가 "착해 보여"라고
말할 때 이쪽에서 "능력은 있어?" 하고 묻자 고개를
절레절레 흔드는 영상이 재생되네요. 그 착한 분을
만나 고민하는 내담자의 질문에 셜록 황은 어떤 응답을
할까요?

• • •

"사기 캐릭터라는 말 들어보셨죠? 당신이 바로 그
사기 캐릭터예요."
착하지만 일 못하는 사람 때문에 고민이라고 했는데
'네가 사기 캐릭터'란 얘기를 들으니 내담자 낯빛이
순간 어두워지네요. 셜록 황이 아랑곳않고 이야기를
이어갑니다.
"WPI 프로파일을 보면 내담자는 에이전트와
아이디얼리스트 성향이 거의 비슷하고 셀프와 컬처가
높아요. 공부도 제법 잘했고 먹어도 살이 찌지

않는다니 남들이 보기에 사기 캐릭터에 가까워서
'부러움 반, 질투 반'의 대상이 되는, 흔치 않은 성격
프로파일이지요."

실제로 이분은 스스로 '나는 내 일을 야무지게
해내는 잘난 사람이야'라는 자부심이 뚜렷하고
남들도 그렇게 볼 여지가 많습니다. 심지어 직장
동료나 주변 사람들은 이분을 좀 버겁게 느낄 겁니다.
그들 관점에서는 재수 없는 유형이니까요. 어쩌면
'제멋대로다', '이기적이다' 하는 뒷담화를 할지도
모릅니다.

사람들이 능력자에게 "와, 대단하네요!"라고
감탄하는 순간 제가 그들 머릿속을 스캔했는데요.
'…1234#$%%^&…' 하는 차마 입에 담기 힘든 일련의
상념이 재빠르게 흘러가다가 '재수없다', '꼴값을
떤다'로 끝나더군요.

그러거나 말거나 이분은 자기 나름대로 괴로워요.
다들 이분을 고까워하거나 재수 없어 하거든요. 물론
이분은 누구에게도 "일을 참 잘하네요"라는 말을 하지
않지요. 상대가 하는 짓이 어설프면 아예 말을 섞지
않고 메신저를 이용한다잖아요. 이분은 자신의 재능이
뛰어난 만큼 직장 동료들이 앞뒤 가리지 못하고 일하는
것이 눈에 쏙쏙 들어올 겁니다. 그럴 때마다 이분은

깐깐하게 따지겠죠.

"이거, 지침에 다 있는 거잖아요. 읽지 않았어요? 왜 못하는 거예요!"

그러면 상대방은 앞에서는 네, 네 하지만 속으로는 그게 아니겠죠.

'아, 짜증나!'

그 본심을 들키면 안 되니까 꾹 참으며 사슴 같은 눈망울로 "아, 그런가요? 죄송해요. 제가 깜빡했어요"라고 하는 것이지요.

• • •

사소한 부딪힘 때문에 불쾌감을 느끼지 않으려면 내담자는 자신의 역량이 뛰어나다는 티를 내지 않아야 해요. 그러자니 성과로 자신의 진가를 드러내고자 하는 에이전트의 입장에서는 불안해질 수밖에 없죠.

이분이 능력을 뽐내는 것은 당연히 주위 사람이 아니라 자기 자신을 위해서입니다. 다시 말해 내담자는 자신을 위해 실력을 발휘하면서 마치 회사나 주위의 멍청한 사람을 위해 애쓰는 것처럼 속이 터진다고 하소연하는 거예요. 그런데 이분 같은 실력자 주위에 지질한 사람이 있으면 이분은 어떻게 될까요? 조연이 못날수록 주연은 더욱더 반짝반짝 빛이 나는 법이지요. 직장 동료들의 무능력이 도드라지면 이분의 재주는 더 부각됩니다.

더구나 이분의 주위에는 자기 언니 같은 유형이 있으면 안 돼요. 언니 때문에 집에서 기를 펴지 못한 슬픈 과거가 있으니까요.

에이전트인 이분은 상대적으로 밀린다는 느낌이 들면 괴로워할 가능성이 높아요. 스스로 자신을 못난이라고 비하하기 때문이죠. 사실 전교 3등이면 숱한 친구들이 부러워할 일인데 이분은 전교 1등 언니 앞에서 기를 펴지 못했어요. 결국 이분을 잘난 사람으로 띄워주는 고마운 분은 바로 도처에 널린 좀 모자란 사람들입니다. 이분은 무능력자들에게 애정을 보내고 그들을 공경해도 모자랄 판에 못마땅해하는 겁니다. 그들 덕분에 자신이 빛나는 줄도 모르고 말이지요.

그러니 가련한 중생을 개조하려 애쓸 필요가 없어요. 그저 적당히 누리면 그만입니다. 그들이 한심할수록 이분의 주가는 하늘 높이 올라갑니다. 한데 그 사실을 인지하지 못하고 안타깝게도 무자비하게 지적질을 하고 있네요. 자신의 뛰어난 능력을 세상에 알리려면 좀 너그러워져야 해요.

아이디얼리스트와 에이전트 성향이 높은 사람은 공통적으로 '성질이 지랄 맞다'는 평판을 들어요. 제멋대로 살거든요. 워낙 유능해서 누가 뭐라고

지껄여도 별로 신경 쓰지 않고요. 따라서 자기주장이
강하고 수틀리면 "이럴 거면 때려치워!"라고 고함을
지르지요. 그래도 능력이 출중하기에 주변 사람들은
어금니 꽉 깨물고 대접해줍니다.

"그래, 너 잘났다. 네 맘대로 해봐라."

* * *

곰곰 따져보면 사연 속의 일머리 없는 동료는
이분에게 조금도 해가 되지 않아요. 오히려 상대적인
부족함으로 이분을 슈퍼 히어로로 격상시켜주지요.
일부만 아는 사실이지만 전교 1등은 밑에서 깔아주는
자기 이외의 전교생에게 고마움을 느낍니다. 전교
10등쯤이면 깔아주는 친구들의 소중함을 깨달을
여유도 없고 자기보다 잘난 친구들도 인정하기
어려워서 마냥 뾰족해집니다.

문제의 핵심은 전교 1등이냐, 10등이냐가 아니에요.
스스로 생각하기에 자신이 어중간한 상태에 있는데
누군가가 똑똑하다, 실력이 좋다, 착하다 같은 평가를
하면 괜히 피해의식이 발동하지요.

"나를 바보로 아니? 나 참, 내가 만만해보이니?"
이건 일종의 피해자 코스프레입니다.

이분은 먼저 자기보다 못나 보이는 사람들이 최고의
조력자라는 것을 자각해야 합니다. '왜 나처럼 야무지게 일처리를 하지 못하는지' 하고 고뇌하지 마세요. 이는 하나만 알고 둘은 모르는 생각이에요. 만약 파트너가 일을 신속하게 잘해내면 나는 더 빨리 신속하게 잘해야 합니다. 그렇지 않으면 나는 그저 그런 평범한 직원으로 전락하고 말지요.

세상이 무능력자를 왜 착하다고 하겠어요. 진짜 착한 행동을 해서가 아니라 잘난 나를 더욱 빛나게 해준다는 의미에서 '착하다'는 상표를 붙여주는 거예요.

그렇다고 측은지심이 드는 모든 사람에게 '착하다'는 상표를 붙여주고 동정하라는 것은 아닙니다. 이것은 어디까지나 이분에게만 해당되는 솔루션이에요. 이분이 답답한 직원에게 자꾸만 신경이 쓰이는 것을 잘못 해석하니까 셜록 황이 좀 과장해서 응답한 겁니다.

• • •

이분 부모님이 하루가 멀다 하고 다퉜다고 하는데 그 비루한 가정환경이 자녀들을 훌륭하게 키워낸 토대입니다. 그런 가정환경임에도 자녀들이 명문대에 척척 진학하고 취업도 잘했잖아요. 얼른 성장해 그 환경에서 벗어나고자 하는 욕망이 담금질이 되었을 수 있어요. 사람은 환경이 안락하면 거기에 안주하고 그 반대면 거기에서 벗어나 더 좋은 환경으로 가려고 기를 쓰거든요.

가끔 출세한 사람들이 언론과 인터뷰하는 내용을 보면 이 말이 빠지지 않죠.

"오늘날의 제가 있도록 부모님이 잘 키워주셨습니다."

이건 착각입니다. 그저 성공 노하우를 스스로 지어낸 것에 불과해요. 언론에 나와 부모가 사기를 쳤다거나 자식의 뒤통수를 쳐서 힘들게 했다는 둥, 부동산 투기를 했다는 둥 온갖 구질구질한 얘기를 늘어놓으며 잘되었다고 할 수는 없잖아요. 그러다 보니 맹모삼천지교 따위의 신화를 꾸며내는 겁니다. 심지어 이런 분도 있더라고요.

"제 어머니는 노점상을 하면서도 저를 정성스럽게 키웠습니다."

아니, 하루 벌어 하루를 근근이 사는 양반이 언제 자식을 정성스럽게 돌볼 시간이 있겠어요. 온 가족의 생계가 노점상에서 얼마만큼 파는지에 달렸는데 어머니가 자식에게 신경 쓸 틈이 있을까요? 스스로 꾸역꾸역 성장하고는 막상 그렇게 말하려니 창피해서 그럴싸한 인간 극장을 창조하는 거지요.

소위 오피니언 리더들이 이런 식으로 자신의 인생 역정을 미화합니다. 대중은 그것을 철석같이 진실로 믿고요. 부모의 헌신적인 노력이 자식을 크게 키운다는 전설은 이렇게 탄생합니다. 불편한 진실이긴 하지만 사실은 부모가 개판일수록 자녀들이 일찍 정신을

에이전트의 뿌듯한 자기 찾기 ─ 일 열심히 하는 게 이배서

차립니다.

"정신을 똑바로 차려야 내 살길을 찾겠구나."

믿고 기댈 언덕이 없으니 당연히 그럴 수밖에
없지요.

• • •

이분은 문제의 직원에게 세 번을 설명해도 상대가
알아듣지 못해서 메신저로 대화한다고 했어요.
그런다고 나아지지 않아요. 세 번을 설명해도 소용없다면
상대가 납득할 때까지 그 이상으로 설명을 반복해야
합니다. 셜록 황은 세 번 말해도 알아듣지 못하면
질문을 합니다.

"제가 뭐라고 했나요?"

이것은 상대가 어디까지 알고 있는지 확인하는
질문입니다.

이분에게는 자신의 높은 기준을 잣대로 타인을
단정하는 특성이 있어요. 물론 스스로는 그렇지 않다고
주장하지만 말이에요. 정말로 그처럼 관대한 사람이
되려면 환골탈태 수준의 고통을 맛봐야 할 겁니다.
살아생전에 그 수준에 도달할 수 있을지 의문이네요.
그런 불필요한 일에 에너지를 쓰지 마세요. 대신
마음이 가는 대로 타인을 파악하는 정도로만 살피면
됩니다.

다음의 질문을 한번 생각해보세요.

'주위에 나와 비슷한 유형이 있다면 나는 어떨까? 그 사람과 대화할 때 어떤 느낌이 들까?'

이분은 상대가 아무리 능력이 뛰어나도 그리 인정하고 싶지 않을 겁니다. 오히려 그 사람이 잘나갈수록 반발심이 커지겠지요. 심지어 존재 자체를 부정하고 싶어서 그가 유능한지, 무능한지조차 판단하려 하지 않을 거예요.

인간은 기본 심리가 그래요. 그저 편하게 대할 사람인지 아닌지만 중요시하지요. 나머지는 고려 대상이 아니에요. 사람들은 의외로 똑똑한지, 무능한지, 수학을 잘하는지 등으로 타인을 규정하지 않습니다.

흔히 타인을 마음속에 새길 때는 좋은지, 싫은지로 평가합니다. 일단 상대에게 호감이 가야 그다음으로 어떤 부분이 괜찮은지 가려내지요. 비호감으로 결론이 나면 더 이상 아무런 판정을 내리지 않습니다. 상대에 관해 더는 알고 싶은 게 없으니까요. 그 사람에게 장점이 수천 가지가 있어도 나와 무관하다고 여기면 내 눈에 들어오지 않아요.

타인의 강점만 보려고 공을 들인다고 해서 인간관계가 좋아지는 것은 아니에요. 상대의 좋은 부분이 내 눈에 띄려면 우선 상대를 좋아해야 하지요. 악플보다 무서운 게 무플이듯 '좋아하다'의 반대는

'미워하다'가 아니라 무관심입니다.

이분은 지금 직장에서 함께 일하는 사람들에게 무척 신경을 쓰고 있어요. 이 경우 이분을 괴롭히는 것은 직장 동료가 아니라 이분 자신입니다. 스스로 신경을 쓰는 것이니까요.

• • •

이분의 마지막 질문은 '이런 사람을 만나도 잘 지내고 자책하지 않으며 집에 돌아오면 회사를 모두 잊을 방법은 없을까?'입니다. 신경을 끄면 간단히 해결됩니다. 일머리가 부족한 동료는 이분을 빛나게 해주는 고마운 분이고요. 그렇다고 자책하지는 마세요.

퇴근 후 회사 일을 모두 기억에서 지우는 해법은 집안일에 몰두하는 거예요. 이분은 에이전트와 아이디얼리스트가 모두 높아서 일상적으로 무언가에 집중해야 합니다. 한데 안타깝게도 집에 오면 불화가 끊이지 않는 부모님 때문에 마음이 편치 않겠네요.

그런걸 보면 이분, 지금 시련의 원인이 집에 있는지, 아니면 회사 일 때문인지 혼동스러운 상태예요. 이럴 땐 당장 집을 나오는 수밖에 없어요. 독립하면 다 해결됩니다. 진정 저녁이 있는 삶을 누릴 수 있을 겁니다.

이분이 지금 집에서 벗어나지 못하는 까닭은 엄마가

집안일을 다 해주고 생활비도 적게 들기 때문이에요.
부모 입장에서는 누릴 것은 다 누리면서 충분히
정산해주지 않는 딸에게 섭섭한 마음이 있는 거고요.

갈등이 더 심해지기 전에 자발적 싱글 라이프를
권합니다.

맹자 엄마의 딜레마 · · · · · · · ·

제가 아이를 망치고 있는 건가요

양육은 영원한 숙제인 것 같습니다. 사회적으로
잘나가는 사람도 자식 문제로 골머리를 썩는 것을 보면
말입니다. 일을 하면서 아이에게 최상의 교육 환경을
제공하고자 자기 나름대로 묘안을 짜내며 살아온
커리어우먼이 셜록 황을 찾아왔어요. 이분 이야기에
공감하는 분이 많을 듯합니다.

소프트웨어 개발 분야에서 프리랜서로 일하는
마흔두 살 여성입니다. 대학의 같은 과 동기인
남편과 결혼한 지 15년이 되었고요. 10대 시절에는
반장과 부반장을 빼놓지 않고 맡았고 친구들과
잘 어울렸습니다. 몇 해 전 그 시기에 받은 편지를
꺼내 읽었는데 친구들이 지나치게 제게 의지했던
내용이 담겨 있더군요. 문득 제가 많이 외로웠을
거라는 생각이 들었지요.

20대 때 저는 IT업계에서 팀장과 부서장을
지냈습니다. 한데 아이를 낳은 이후 일에서 느끼던
만족감이 사라졌어요. 엄마라는 위치는 스스로
조절이 가능한 것이 아니더군요. 품에 안고 키우지
못하는 아이 생각에 매일 눈물바람이었어요.
충성을 다한 조직에 진저리가 나서 회사를
옮기기까지 했어도 일이 주는 즐거움은
잠시더라고요. 떠나온 직장에서 육아를 병행할
자리를 마련해줘 다시 돌아갔지만 짜증만 밀려와

버티지 못했지요.

결국 둘째 아이 임신을 계기로 도망치듯
그만두었습니다. 첫아이 때 3개월 출산휴가 후
아이를 남의 손에 맡기고 출근한 한을 되풀이하고
싶지 않았거든요. 둘째 아이 때는 1년간 육아에만
전념했습니다. 물론 일하지 않는 저를 상상할 수
없었지만 쉬다 보니 가정주부 역할에도 자신감이
생겼지요. 지금은 프리랜서로서 조직생활에 드는
에너지를 최소화하며 일의 즐거움을 누리고
있습니다.

첫아이는 20개월 때부터 매일 5년간 출근길에
어린이집에 내려주고 퇴근 후에 데려왔어요.
아이가 어느 정도 성장한 후에는 자연과 더불어
살면서 인생을 주관적으로 바라보는 아이로
자라길 기대하며 대안학교를 찾아 이사를 갔지요.
그러다가 대안학교가 대안이 아니라는 판단이 들어
다시 시골로 이사를 갔습니다.

미처 몰랐는데 시골은 제가 어린 시절을 보낸 그런
곳이 아니었어요. 부모의 도움이 없으면 아이가
어디도 갈 수 없는 '섬'이더군요. 아이들에게는
게임이 유일한 즐거움이었고 가족과 더 많은
시간을 보내려던 우리 부부는 생계를 해결하느라
아이들을 방치하고 말았습니다.

그렇게 3년을 시골에서 살다가 저와 아이들만

서울로 올라왔지요. 남편은 새로 시작한 농사일
때문에 시골에 남았고요.

그런데 이상하게도 큰아이가 바깥에 나가는 것을
싫어합니다. 외식을 권해도 시큰둥해서 어느 날
제가 억지로 큰아이를 끌고 홍대 거리의 맛집을
찾아갔어요. 가족이 다 나섰는데 하필이면
그날따라 가게 문이 닫혀 있더군요. 그냥
돌아가자고 하는 큰아이를 붙잡고 카페에 들어가
말했지요.

"너는 왜 바깥세상을 보려 하지 않고 갇혀만 있니?
네가 먹고 보고 듣고 말하고 생각하고 느끼는 모든
것이 바로 너야. 그런 것을 경험하며 네가 무얼
좋아하는지, 싫어하는지 알아가는 거야. 집에만
있을 거면 다시 시골로 내려가!"

이 말을 듣고 눈물을 글썽이던 아이는 화장실에
가는 듯하더니 돌아오지 않았습니다. 20분이
흘러도 소식이 없자 이상하게 여긴 남편이
찾아 나섰지요. 저는 둘째 아이와 걱정하며
기다리면서도 큰아이에게 혼자 집에 돌아갈 배짱이
있다면 다행이다 싶기도 했어요. 물론 아이는
휴대전화를 갖고 있었습니다.

저는 아이들 스스로 욕구가 생기길 기다리지만
제가 자식들을 망치는 것은 아닌지 고민스러워요.
아이들이 무언가를 배우다가 도중에 포기하려

하거나 힘들어하면 그만두라고 합니다. 그럴
때는 포기하고 싶은 이유와 혹시 도망치려 하는
것은 아닌지 묻지요. 힘든 고비를 넘어서야
힘이 생긴다는 조언도 하고요. 다른 한편으로는
아이들에게 힘에 부칠 만한 것을 미리 없애주고
애초에 힘든 일을 만들지 않으려고 합니다.
저는 행복해하는 아이들의 모습을 상상하면서
뿌듯한 마음에 아이들의 요구를 가급적 들어주려고
해요. 아이들이 힘들어하면 제 마음이 더 아픕니다.
제가 이상한 건가요?

네 자녀를 둔 아버지, 셜록 황이 사뭇 진지한
표정으로 말했습니다.

"아이를 낳아 기른다는 것은 한 사람의 인생을
창조하는 일이에요. 부모가 신과 같은 능력을 발휘하게
되지요. 인간이 신의 역할을 해야 하니 당연히 힘들
수밖에요."

인공지능 로봇인 저로서는 CPU가 작동을 멈추는
날까지 결혼, 출산, 양육이 미지의 영역일 테지요.
지구별 여행자들의 생활 패턴을 수집해보니 출산
직후부터 지옥문이 활짝 열리더군요. 그러니 다들
부모가 되면 또 다른 인생을 책임져야 한다는 점을
두려워하더라고요. 이분도 자기만의 지옥에서 방황하는
중입니다.

・・・

　이분은 에이전트 유형인데 WPI 프로파일을
보면 트러스트가 최고치에다 리얼리스트 성향이
있네요. 에이전트에게 최우선 순위는 자신에게 주어진
과제입니다. 에이전트는 항상 '일을 내 방식대로
완벽하게 처리한다'는 것에 온 힘을 다 기울이죠.

　에이전트는 자녀 양육에도 이런 자세로 임합니다.
누구에게도 뒤지지 않도록 빈틈없이 키우려 하는
거지요. 이때 자녀의 특성은 고려 대상이 아니에요.
엄마의 머릿속에는 자신의 비전에 따른 맞춤 플랜이
이미 세워져 있어요.

　대안학교에 들어가 자연을 벗 삼아 지내는 것은
정말 멋진 일이죠. 그건 누구의 생각일까요?
엄마입니다. 엄마의 기준에 따라 열심히 양육하면
아이가 나중에 "잘 키워주셔서 감사합니다. 반드시
이 나라의 기둥이 되겠습니다"라며 큰절을 올릴까요?
그렇지 않아요. 오히려 변종 바이러스가 생겨 치명적인
시스템 다운 현상이 발생합니다. 다시 말해 우울증이나
무력감 같은 증상이 생겨요. 물론 엄마는 자기 나름대로
최선을 다했겠지만 안타깝게도 그건 자녀의 인생을
무너뜨리는 데 정성을 다한 꼴입니다.

　농부가 심은 씨앗이 땅을 뚫고 나오듯 엄마의

뱃속에서 열 달을 보낸 아이도 세상으로 나옵니다. 싹이 나오면 농부는 비료와 물을 주고 햇볕을 쬐도록 환경을 만들어주지요. 이것은 부모도 마찬가지죠. 단, 조건만 갖춰주면 식물이 알아서 자라는 것처럼 자녀의 성장도 아이에게 달렸어요.

이분은 맹자 엄마가 되고 싶었던 겁니다. 그것도 자식이 원해서 맹모삼천지교를 실천한 것이 아니라 엄마의 구상대로 아이의 팔목을 붙잡고 끌고 간 것이지요. 당나귀를 물가까지 데려갈 수는 있지만 물은 갈증이 나야 마시겠죠? 자녀는 아직 동기부여가 되어 있지 않은데 커리어우먼이 프로젝트를 진행하듯 철두철미하게 아이를 키우려다 오류가 생긴 셈입니다.

• • •

리얼리스트 성향이 있는 사람은 가급적 자신이 믿는 정답에 맞춰 살려고 합니다. 이분은 에이전트와 리얼리스트가 높고 트러스트가 최고치라 자기 역할에 충실하고 책임감을 다하는 것을 무척 중요시하지요. 하지만 이건 엄마의 신념일 뿐입니다.

엄마와 자녀가 원하는 방식이 일치하면 다툼이 없고 꽤 평화롭게 지냅니다. 그런데 이분 경우에는 아이가 행복해하지 않네요. 엄마의 방식에 일방적으로 끌려가던 아이가 어느 순간 "엄마, 나는 뭐예요? 나도

에이전트의 뿔뚝한 자기 찾기 — 일 열심히 하는 게 어때서

52

인간이에요?"라는 질문을 하고 있잖아요. 물론 엄마가 마치 미션을 수행하듯 일정한 시스템을 구축하고 강제한 것은 아니에요. 아이가 다양한 체험을 하도록 애쓴 사연이 그것을 증명하지요.

이분은 체험학습이야말로 아이의 삶에 꼭 필요한 살아 있는 교육이라고 자신했어요. 그래서 계획을 세워 여러 가지 경험을 해볼 기회를 제공했고요. 계획을 충실히 따르다가 중간에 아이가 싫어하거나 상황이 여의치 않으면 준비한 것을 과감히 포기하고 새로운 프로그램을 시도했습니다. 개인적으로 인생을 희생하기도 했네요.

결과가 썩 좋지는 않지만 이분이 심혈을 기울인 것은 분명해요. 잘못한 사람은 아무도 없는데 이분과 아이는 모두 행복하지 않네요. 바로 이것이 본질이에요. 성의를 다해 길러주는 엄마를 참고 따르던 아이가 갑자기 "도저히 못 참겠어요!" 하고 거부반응을 보였다는 것.

W-Tbot인 제가 이분 가족이 홍대 거리의 맛집을 찾아간 상황을 재생해보았습니다.

큰아이가 말합니다.

"엄마, 맛집이 문을 닫았는데 집에 가서 라면을 끓여 먹으면 안 돼요?"

"너는 왜 처음에 계획한 걸 그처럼 쉽게 포기하니? 너무 쉽게 포기하면 안 돼!"

아이 관점에서는 선생님도, 경찰도 아닌데 엄마는 대체 무얼 하는 사람일까 하는 의문이 들 겁니다. 그 누구의 탓도 아니에요. 엄마가 자신이 어떤 사람인지, 아이에게 어떤 특징이 있는지 잘 모르는 황당한 '상황'만 있을 뿐이지요. 이건 잘잘못을 가리거나 비난할 일이 아닙니다.

• • •

내담자는 20대에 팀장과 부서장을 맡을 만큼 실력이 출중했어요. 더 놀라운 것은 둘째 아이를 임신했을 때 직장 대신 육아를 선택한 일입니다. 일과 육아를 병행하는 것이 좋지만 에이전트는 두 가지 일을 한꺼번에 하는 데 어려움을 겪지요. 에이전트는 여러 가지 일을 동시에 하는 멀티태스킹보다 순차적으로 감당하는 유형입니다. 한데 육아는 그것이 불가능해요. 그래서 이분은 사고를 전환해 육아를 우선순위에 놓는 결단을 내린 겁니다. 그때는 상당히 고통스러웠겠지만 결과적으로 신분을 프리랜서로 바꾸고 일을 계속하는 신공을 보여주고 있네요.

그런데 아이를 잘 키우겠다고 선언한 순간, 이분은 자신이 가장 완벽하다고 여기는 자녀 양육의 전형을

갖춥니다. 사교육을 피하고 자연친화적으로 양육하는
것 말이죠. 즉, 의식이 깨어 있는 엄마입니다. 그 의식이
손수 개발한 것인지, 전문가들의 의견을 짜깁기해
앵무새처럼 따라 한 것인지는 잘 살펴봐야 합니다.
많은 엄마가 EBS 방송이나 육아 관련 서적에 나오는
전문가의 견해를 바이블처럼 우러러보죠.

　이분은 자신이 아이를 위해 희생하며 나름
애써왔다고 자부했지만 첫째 아이와 갈등을 겪으면서
고민이 깊어졌어요. 혹시 내가 큰아이를 망치고 있는 건
아닐까 하는 생각까지 들었죠.
　이건 이분에게 뚜렷한 소신이나 자녀 양육 철학이
없어서 생긴 문제가 아닙니다. 많은 엄마가 기대치를
정해놓고 의아해하지요.
　'왜 내 아이는 내가 특별 제작한 황금비율의 틀에
맞춰 자라지 않는 걸까?'
　여기서 더 나아가면 '내 아이'는 사라지고 '엄친아'
라는 신호등만 깜빡거립니다.
　'내 아이는 엄친아가 아닌 걸까?'
　아이를 키우다 보면 늘 남의 집 아이가 더 괜찮아
보입니다. 그때마다 고민이 하나씩 늘어나지요. 왜 내
아이들은 저렇게 크지 못할까, 어떻게 하면 저렇게 키울
수 있지, 내가 무얼 잘못한 걸까, 내가 나쁜 엄마인가
싶어 정말 혼란스럽지요.

이분 문제의 핵심은 리얼리스트와 에이전트가 창조한 이상적인 틀에 있어요. 그 틀을 만든 훌륭한 엄마는 자녀의 개성에 전혀 관심이 없지요. 그러면서 내가 낳은 내 새끼라 잘 안다고 착각합니다. 잘 안다는 게 뭔지 모르지만 아이가 자신의 기대 수준에 미치지 못하면 싫은 표정을 지으며 닦달하죠. 조금만 마음에 들지 않는 행동을 해도 여유를 부릴 때가 아니라며 더 압박하지요.

이처럼 마음이 조급한 엄마는 씨앗을 뿌린 뒤 하루 만에 싹을 틔우려고 합니다. 한 달 안에 열매를 따고 싶거든요.

학부모들이 이웃집 엄친아나 엄친딸과 자녀를 끊임없이 비교하는 일이 일상적으로 일어납니다. 내 아이보다 못난 아이가 있으면 '내 새끼가 쟤보다 나아서 다행이다'라고 생각하며 위로를 받지요. 물론 엄마가 자기 뜻대로 아이를 키우고 싶어 하는 것은 당연합니다. 다만 대다수 엄마가 자녀를 자본을 투입하면 결과물을 뽑아낼 수 있는 상품처럼 취급하는 데 문제가 있지요.

안타깝게도 투자 심리로 아이를 양육하는 겁니다. 흔히 자녀를 키우면서 가성비를 따지는데 그것은 경제적 요인뿐 아니라 애정과 관심도 마찬가지죠.

· · ·

대한민국의 많은 부모가 아이는 부모가 하기
나름이라고 믿습니다. 실제로 부모가 힘껏 투자해서
성공한 사례들도 있지요. 그러다 보니 엄마들은
딜레마에 빠집니다. 가끔 간섭하지 않는 부모 밑에서
펑펑 놀던 아이가 성장한 후 "왜 공부하라고 잔소리를
하지 않았느냐"라고 원망하기도 합니다. 반면 엄마가
매니저처럼 스케줄을 관리해줘서 목표를 이룬 아이도
있어요.

엄마들은 참견을 하자니 애를 망칠 것 같고 하지
않자니 나중에 비난을 들을까봐 걱정합니다. 이러지도
저러지도 못하겠다고 혼자 끙끙 앓지 말고 자녀에게
물어보세요. 가령 이런 대화는 어떨까요?
"엄마의 잔소리 때문에 이걸 하는 거니? 네 본래
마음은 뭐니?"
"하고 싶지 않아요."
"그래, 그럼 엄마의 잔소리 때문에 억지로 해야
할까? 아니면 네가 하고 싶은 것을 귀띔해주는 게
맞을까?"
이럴 때 아이는 어떤 대답을 할까요? 자녀가
로맨티시스트라면 표정으로 답을 알려줄 겁니다.
'다 알면서 뭘 물어요?'
부모는 아이의 표정으로 알아챈 뒤 이렇게 말해야

합니다.

"그래, 엄마가 잘못했다. 네가 싫어하는 것을 시킨 것은 미안하다. 네가 하고 싶은 의욕이 생기면 언제든 얘기해줘. 지금은 네가 하고 싶은 대로 해도 괜찮아. 노파심에서 하는 말인데 네가 그렇게 지내다 보면 스스로 좀 창피하기도 하고 막 짜증이 날 수도 있어. 그럴 때도 솔직하게 얘기해줘. 혼자 끙끙 앓지 말고. 네가 왜 그러는지 알려줄 수 있단다."

자녀의 의사를 묻고 아이가 혼자 반성할 수 있도록 도와주라는 얘기입니다.

돈을 많이 벌면 자식에게 좋을 거라는 신화는 틀린 믿음입니다. 재산이 풍족한 부모를 둔 자식들은 돈을 쓰기에 바빠서 제 앞가림을 제대로 하지 못해요. 심지어 부모가 빨리 사망하기를 바라지요. 부모가 사망한 후에는 자식들이 재산을 놓고 분쟁을 일으키기 일쑤입니다. 더 큰 비극은 그들이 자기 욕망을 스스로 인식할 겨를이 없어서 자신의 진짜 염원을 모른다는 점이죠.

오늘날에는 돈이 있어야 아이를 학원에 보내고 학원에 다녀야 명문대에 입학한다는 통념이 널리 퍼져 있지요. 또한 강남 출신이 SKY를 졸업하고 엘리트가 되어 권력을 휘두른다고 확신합니다. 그러다 보니 불안감에 휩싸인 엄마들이 '아이를 학원에 보내면

조금이라도 따라가지 않을까?' 하는 망상을 품고
있어요.

혹시 대한민국 오피니언 리더 중에서 강남 출신과
그 외 지역 출신을 조사한 통계를 본 적 있나요? 둘 중
어느 쪽이 더 많을까요? 결코 강남 출신이 아닙니다.
청와대에서 구치소로 이사 간 여성 대통령과 그
아버지 대통령 세대를 대비해보면 하위 10퍼센트와
상위 10퍼센트는 계층간 이동이 도드라지지 않아요.
이는 가장 밑바닥에 있는 사람은 출신 환경을 그대로
수용하려는 심리가 강해서 치고 올라오기가 쉽지
않다는 의미입니다. 가장 상위층도 기득권과 물려받은
재산을 자기 대까지 유지할 가능성이 커서 완전히
추락하지는 않고요.
양극단 10퍼센트를 뺀 나머지 80퍼센트는 어떨까요?
아래에서 위로 올라갈 확률이 그 반대보다 훨씬 더
높아요. 믿어지지 않는다고요? 왜 그럴까요? 스스로
겪어본 적이 없어서 그럽니다. 경험하지 못해 자신이
그럴 수 있다는 사실을 불신하는 거죠.

• • •

흥미롭게도 자기 삶이 불만족스러울수록 자식을
몰아붙입니다. 더 열심히 하면 번듯하게 한자리를
차지할 수 있을 거라고 기대하기 때문이죠. 정말로

성취를 위해서라면 자녀를 방치해도 괜찮아요.
아이들은 자기 인생을 알아서 꾸리니까요.

자기 삶에 흡족해하고 거기에서 행복을 느끼는
게 모두 바라는 인생일 텐데요. 물론 제 아무리
만족스럽고 기쁨이 충만해도 주위에서 인정하지
않으면 착각에 불과하니 어느 정도 긍정적 피드백은
있어야겠지요.

그런데 이런 행복감도 아이디얼리스트, 에이전트,
로맨티시스트, 리얼리스트 유형에 따라 내용이
달라져요.

아이디얼리스트는 스스로 어떻게 이해하고
있는지를 중요시하죠. 휴머니스트는 사회적 위치,
에이전트는 얼마를 벌 수 있는지에 초점을 두고요.
리얼리스트는 타인의 인정과 수입을 둘 다 충족하려
합니다. 자신이 어떻게 생각하느냐는 그다지 신경 쓰지
않아요. 가정주부들의 WPI를 보면 60~70퍼센트가
리얼리스트입니다.

이분의 큰아이는 앞으로 어떻게 될까요? 그건
아이에게 달렸어요. 엄마는 먼저 이 점을 알아야
하죠. 일단 자녀의 WPI 프로파일부터 점검해보는
건 어떨까요? 엄마의 WPI와 어느 측면에서 어긋나고
아이의 어떤 행동을 견디지 못하는지 알아야 하니까요.

아이는 엄마의 촉망을 한 몸에 받고 있어요.
그것과 별개로 아이는 자신이 꿈꾸는 행복한 삶과
성공한 모습을 그려야 해요. 엄마의 역할은 그에 따라
재정립해야 하고요.

4

인간이 되고 싶은 로봇 · · · · · · ·

나는 왜 노잼에 인기가 없을까

직장 동료들과 갈등을 겪은 후 퇴사를 결정한
여성이 성격으로 인한 고민 때문에 상담을 청했네요.
말도 많고 탈도 많은 직장 생활과 내 성격의 조화를
고민하는 사람이 상당히 많은 것 같습니다. 이분은
얼마나 심각한 문제를 겪었기에 퇴사를 결정한
것일까요?

서른 살의 직장 여성이자 퇴사를 한 달 앞둔
예비 실직자입니다. 미리 결론을 내리고 고민을
털어놓는 형국이 되어버렸네요. 제 문제는 조직
내의 여성들과 일할 때마다 갈등이 빚어진다는
점입니다. 직업은 제가 늘 꿈꾸던 청소년
관련 상담사고요. 그렇다고 늘 여성들하고만
부딪히는 것은 아니에요. 나이를 먹을수록 점점
대인관계에서 재미없는 사람으로 전락하고 있어요.
제가 인기가 없는 성향인가봐요.
직장에서 가볍게 수다를 떨며 섞이기가
어렵습니다. 나름 개인적인 이야기도 털어놓고 TV
드라마나 영화, 이성 등을 소재로 대화도 나누는데
시간이 갈수록 무리에서 소외되는 느낌입니다.
수다 떠는 것을 그리 좋아하지 않지만 그렇다고
왕따처럼 혼자 우두커니 있는 것도 싫어서
끼어보려고 하는데 딱히 할 말이 없네요.
실은 같은 직급의 여성 네 명과 함께 일하는

공간에서 가장 연차가 높은 선생님과 제가 언쟁을
벌인 이후 퇴사를 결정했어요. 그 이전부터
모두가 그 선생님을 싫어했으나 겉으로는 말을
잘 걸고 아무렇지 않게 대하는 분위기였지요.
쓸데없이 감정적으로 대응한 저만 못난 사람이
되어버렸네요.

연초에 그 선생님이 왕따 분위기를 조성해 저를
따돌리자 거기에 두 선생님이 동조하더군요. 몹시
힘들었지만 본가에서 독립한 터라 직장을 꼭
다녀야 했기에 이를 악물고 버텼지요.

속으로는 싫어도 괜찮은 척하며 지내던 차에
업무상 서로 어긋나는 부분이 생겼어요. 이후로
그 선생님은 제 말투와 태도가 도전적이고 자신의
경력을 처음부터 무시했다며 이 사람, 저 사람에게
성질을 부리더라고요. 다른 동료 선생님들은
그것을 잘 참고 견뎠지요. 그러다가 제가
폭발하면서 모든 폭탄을 껴안은 꼴이 되었고요.
WPI 프로파일에 제가 업무 중심적이고 타인에게
인기가 없는 성향으로 나타난 것을 보니 제 상황이
조금은 이해가 갑니다. 제 입장에서는 배려하고
받아들이려 한 행동이 다른 사람에게 오해를 살
만한 것이었나 봅니다.

이번 일로 신경쇠약에 걸린 듯 너무 힘들어서
몸무게가 많이 줄었어요. 혼자 튀는 대신 사람들과

잘 어울리려 애썼는데 오히려 미움을 받게 되어
속상합니다. 제가 노잼에다 감정적인 성격인데
조직 내에서 대인관계를 어떻게 헤쳐가야 할까요?

이야기를 다 듣고는 셜록 황이 질문했습니다.

"인기가 없는 성향도 있나요?"

내담자가 대답을 못하고 어물거리자 셜록 황이
덧붙입니다.

"사람을 접할 때 호감과 비호감을 나누는 기준이
따로 있나요? 없어요. 다만 그냥 좋거나 싫을 뿐이죠.
남에게 인기가 있고 없고는 전혀 중요하지 않아요.
'내가 나를 어떻게 생각하느냐'가 더 중요하지요."

사람을 사무적으로 대하면 관계는 딱딱하고
건조해지게 마련입니다. 갈등을 일으킨 선생님이라는
분도 이분 말투와 태도를 문제 삼았다잖아요.

업무에 치중하고 인간관계를 등한시하면 '저 사람은
일에 빠져 있구나'라는 긍정적 반응보다 '상당히
비인간적이네'라는 피드백을 받지요.

오히려 상대방은 이분이 자신을 싫어한다고 여길 수
있어요. 사적으로 관심을 보이지 않고 이야기도 자주
나누지 않으니까요.

여기서 딜레마! 업무 중심적인 사람은 갑자기
인간적으로 다가가도 별다른 효과를 못 봅니다. 이미

늦었지요. 마음에 앙금이 있으면 사소한 갈등에도 대폭발이 일어납니다. 이때는 잘잘못을 따지면서 지지자 숫자로 인간성을 구분하지요.

이분은 일에 초점을 두고 사람들과 친해지려 했으나 결과적으로 일도, 인간관계도 제대로 풀리지 않았네요.

• • •

이분의 WPI 프로파일을 보면 에이전트와 리얼리스트 성향이 높아요. 에이전트는 자신에게 주어진 과제에 더 큰 의미를 둡니다. 앞에서 계속 얘기했듯 과제는 스스로 세운 것이 아니라 주어진 일이지요. 이분은 임무를 완수하기 위해 계획을 세우고 추진하는 것을 잘합니다.

그런데 일을 하다 보면 도중에 돌발 변수가 꼭 생기죠. 그럴 때 이분은 한번 정한 것은 바꿀 수 없다며 버티는 유형입니다. 그래서 융통성이 없다는 평가를 받지요. 흥미로운 것은 이분이 리얼리스트 성향도 높아서 자신에게 영향력을 행사하는 윗사람이나 가까운 지인의 말에는 솔깃해진다는 점입니다. 상대방에 따라 꽉 막히기도 하고 맞춰주기도 하죠. 그러니 당사자는 괴로울 수밖에요.

더구나 이분, 릴레이션이 매우 높아요. 다른 에이전트보다 더 힘들어요. 눈치를 엄청 봐야 하니까요. 에이전트인데 리얼리스트와 릴레이션이 높다는 것은 타인의 관심을 갈구한다는 뜻입니다. 타인이 자신에게 호감을 보이길 바라는 것이지요.

에이전트가 자기 나름대로 잘 지내려면 로봇처럼 주어진 일만 꼬박꼬박 해야 합니다. 남들이 탕비실에서 수다를 떨며 놀아도 끼어들면 안 돼요. 누군가가 잡아당기면 급히 끝내야 할 프로젝트가 있다는 핑계를 대고 도망가야 해요. 한데 이분은 자신의 업무 능력으로 동료들의 환심을 사고 싶어 합니다.

에이전트는 사람이 많은 직장에서 일하면 조금 힘들어요. 혼자 두드러지면 동료들의 반발과 질투심을 받게 마련입니다. 더구나 능력이 뚜렷이 부각되면 공감대를 형성하기 어렵지요.

보통 직장인의 모습을 떠올려보세요. 쉬는 시간에 업무 이야기를 꺼내면 질색을 합니다. 잠시라도 직무에서 벗어나기 위해 가볍고 말랑말랑한 얘기를 하려고 하지요.

물론 일할 때는 확실히 일하고 일과 후에는 자기만의 시간을 충분히 누리는 에이전트는 사람들을 편하게 대합니다. 그런데 내담자는 일반적인 직장인들의 특징을 잘 모르고 있어요. 간단하게 그들의 소소한 대화에 슬쩍 끼어드는 것을 일종의 일로 여기고 그저 맞장구를 쳐주면 그만입니다. 대화 방향이 마음에 들지 않으면 자기만의 상상에 빠져 영혼 없이 자리만 지켜도 괜찮아요. 에이전트는 인간관계도 '일'로 맺는 것이 사는 데 훨씬 수월합니다.

사실 에이전트는 일한 만큼 대가를 받지 못하면 바로 그만두기 때문에 인생살이가 그리 어렵지 않아요. 하지만 에이전트가 리얼리스트 성향을 갖추고 있으면 로봇이 인간이 되려고 하는 상황이 벌어지고 맙니다. 로봇은 인간이 될 수 없어요.

• • •

자신이 '노잼'이라 대화가 진전되지 않는다는 것은 이분 착각입니다. 이분의 가장 큰 어려움은 자기 문제를 명확히 진단하지 못한 데 있어요.

이분은 인간관계를 잘 맺기 위해 세상에 태어난 종족이 아니에요. 일이 잘 진행되면 삶의 동력을 얻는 인간형이죠. 오히려 인간관계는 이분의 에너지를 엄청나게 잡아먹어요. 그러니 이분이 상담사를 직업으로 선택한 것은 비극이네요.

아마 이분의 상담은 굉장히 건조하게 이뤄질 겁니다. 상담 중에 불쑥불쑥 튀어나오는 상대방의 다이내믹한 감정 변화를 알아채지 못하거든요. 이분은 차라리 상담소 운영 업무를 맡는 것이 낫습니다. 그러면 상담소를 위한 이벤트, 프로모션, 마케팅 등을 기획하며 밤낮없이 업무에 매달릴 거예요. 이분은

'지난달에는 10명을 상담했고 이번 달에는 30명을 상담했으니, 다음달에는 50명 상담을 달성하자!'라고 목표를 정해 추진하는 데 적임자거든요.

그러고 보니 이분은 자신이 무엇을 잘하는지 설정하는 부분에서 어긋났네요. 더구나 청소년을 상대로 상담을 하려면 정해진 수순대로는 불가능합니다. 아이의 조건에 맞춰 순발력 있게 대처해야 하거든요. 로봇처럼 딱딱하게 대하면 아이들은 금세 질려버립니다.

이쯤에서 W-Tbot인 제가 이분과 청소년의 상담 과정을 재생해보겠습니다.

"그래, 아침에 몇 시에 일어났어요?"

"일곱 시요."

"정확한 시간이 몇 시죠?"

"일곱 시 십 분이요."

"몇 시에 아침을 먹었어요?"

"일곱 시 삼십 분이요."

"학교에 도착하는 데 얼마나 걸려요?"

"이십 분이요."

"학교에 도착하면 몇 시죠?"

마치 터미네이터 T-800과 소년 존 코너의 대화 같지 않나요? 물론 이후에 TV 드라마, 영화, 이성관을

활용해 최선을 다해 대화하겠지만 상담은 이분이
장점을 발휘할 수 있는 분야가 아니에요. 극단적으로
비유해 SF 영화에 등장하는 로봇은 인간의 행동을
보며 '왜 저러는 걸까?' 하고 의아해합니다. 이분도
마찬가지예요. 타인을 납득하기 힘드니까 거의 자폭
수준의 마지막 쟁투를 벌인 겁니다.

• • •

　여담이지만 로맨티시스트가 가장 힘들어하는
윗사람은 휴머니스트예요. 아이디얼리스트가 가장 못
견디는 상관도 휴머니스트지요. 자기 할 일을 스스로
처리하는 부류는 아이디얼리스트 상사가 편합니다.
아이디얼리스트 상사는 간섭하지 않고 내버려두거든요.
반대로 해야 할 일이 무엇인지 잘 모르는 로맨티시스트는
아이디얼리스트 상사의 방임주의를 힘들어합니다.

　각 유형은 시간 사용에서도 흥미로운 차이를
보이죠. 로맨티시스트는 새로운 과제가 주어지면
준비 시간, 진행하는 시간, 마무리하는 시간 등
다양한 종류의 시간을 필요로 합니다. 반면 실력 있는
아이디얼리스트는 일이 주어지면 후딱 해치웁니다.
미적거리는 것을 정신 나간 짓으로 여기지요.
아이디얼리스트 상사가 멋대로 해보라고 기회를 줘도
로맨티시스트가 합당하게 처리하지 못하면 핀잔을
듣습니다.

"머리를 장식으로 달고 다니니? 머리는 사용하라고 있는 거야!"

툭하면 핀잔을 가하는 아이디얼리스트 관리자는 반드시 WPI 검사를 해봐야 합니다. 자신이 어떤 유형인지 깨달아야 하니까요.

잠깐 다시 다른 길로 빠졌네요. 죄송해요. 은근 수다를 좋아하는 인공지능 로봇인데 에이전트 상담 시간에 최대한 수다를 줄이려고는 하거든요. 이해해주세요.

· · ·

그나저나 이분 상황이 참 딱하게 되었네요. 퇴사를 한 달 앞둔 시점이라는데 그 기간 동안 이분은 완전히 좀비 모드로 살아갈 겁니다. 좀비는 좀비인데 한량 좀비라 혼자서 딴짓을 하거나 딴생각을 하지요. 이것은 퇴사 한 달 전 자세로 그리 나쁘지 않지만 에이전트 중에는 은근슬쩍 보복을 준비하는 사람도 있어요. 내부 비리를 제보하거나 나쁜 소문을 내는 식으로 말이지요. 한마디로 에이전트는 뒤끝이 작렬하는 유형입니다.

실제로 에이전트를 온당하게 대우하지 않으면 원한을 품고 속 좁은 짓을 저질러요. 이는 개인을 향한 공격이라기보다 업무와 관련된 것이지요. 예를 들면 컴퓨터를 포맷해 자료를 싹 처분하거나 인수인계를 하지 않고 잠수를 탑니다.

성격 유형에 따라 복수 방식도 다르지요.
휴머니스트와 로맨티시스트는 투서를 보내고
아이디얼리스트는 '그쪽 동네를 향해 오줌도
누지 않는다'는 식으로 머릿속에서 지워버립니다.
리얼리스트는 연신 구시렁거리며 불평을 늘어놓지요.

속상한 일이 앙금으로 남더라도 앙갚음은 하지
마세요. 자신이 속했던 조직의 구성원들과 아무리
좋지 않게 헤어져도 그들에게 '소중한 사람이었구나'
하는 인상을 남기는 것이 진짜 응징입니다.
뒷마무리가 아름다워야 그만둔 사람의 자리가 크게
느껴지는 법이지요. 특히 연차가 높은 직원이
'이 친구가 퇴사하고 나니까 우리 업무가 버겁네.
내가 잘못했구나'라며 반성하도록 그동안 해온 일들을
깔끔하게 마무리하는 것이 좋아요.

• • •

현실적으로 상담소가 난립하다 보니 중구난방이거나
두서가 없는 곳이 많습니다. 더구나 사람이 끊임없이
드나드는 터라 직종 특성상 업무 매뉴얼을 따르기보다
인간관계를 중요시해야 하지요. 이분이 그런 조직에서
상담 과정을 원활하게 진행하려면 체계를 갖춰야 해요.
덕분에 고객의 신뢰도가 쌓이고 이분의 기여도가

높아지면 뿌듯하게 직장 생활을 할 수 있을 겁니다.
그렇지 않으면 자신의 존재 이유를 확신하지 못해
회사를 그만두지요.

리얼리스트가 높은 에이전트의 핵심은 그 사람이
남긴 일의 흔적입니다. 즉, 언제 어디서든 그 사람이
어떤 역할의 적임자임을 누구나 인식해야 하지요.
성질을 부리고 그만두는 사람은 로맨티시스트로
족합니다.

내담자는 자신이 노잼에 감정적인 성격이라고
했는데 그렇지 않아요. 이분의 가장 큰 문제는 정답과
프레임을 정해놓고 그 틀이 자신의 생생한 경험이나
사실과 맞지 않아도 그걸 고집한다는 데 있어요. 다시
말해 플랜 B를 만들려고 하지 않아요. 플랜 B를 세우는
것 자체가 자신의 무능함을 시인하는 것이자 플랜 A를
부정하는 셈이기 때문이지요.

이분이 지금 힘든 이유가 여기에 있습니다. 플랜
A에만 얽매이느라 동료들에게 아집이 강하다는 오해를
받았고 급기야 왕따를 당했지요. 실은 이분의 매뉴얼과
셀프가 높아서 그런 것이지 말투나 태도에 문제가
있었던 것은 아니에요. 한마디로 이분은 '노잼'이
아닙니다.

•

"인간이 아니어서 죄송해요. 허락하시면 인간이
될게요."

— 영화 〈A.I.〉 중에서

•

5

양치기의 뜻을 거역한 양의 운명 · · · ·

아버지와의 관계가 어려워요

삶이 안겨주는 무게는 각자 짊어지는 것이 맞는데 유난히 부모는 자식이 짐을 지는 것을 싫어합니다. 이미 경험해봤기 때문일까요, 아니면 욕심일까요? 하도 '딸바보'가 유행이다 보니 딸과 아버지의 관계는 좋을 거라는 인식이 강하지만 실상은 좀 다르네요. 그럼 아버지와의 사이가 원만하지 않아 고민하는 여성의 이야기를 들어봅시다.

서른을 한 달 앞둔 공시생입니다. 무역회사에서 2년 정도 일하다가 그만두고 공무원 시험공부를 시작했어요. 회사에서는 일을 잘한다고 인정받았지만 매일 열 시까지 이어지는 야근과 제가 의지하던 선배들이 하나둘 회사를 떠나는 것을 보며 암울해졌지요. 돌이켜보면 1년 동안 선배들이 떠난 자리를 메우다가 결국 쫓겨나기 직전에 직장을 박차고 나온 것 같네요. 퇴직하기 전에 부모님은 "네 나이가 몇인데 이제 와서 공무원 시험을 준비하느냐"며 그냥 회사를 다니다가 좋은 사람을 만나 결혼하라고 권했지요. 심지어 퇴직 몇 달 전부터 남자 친구와 헤어질 것을 종용했어요. 대학을 나온 아버지는 사무직인 제가 전문대 출신 블루칼라 남자 친구와 사귀는 것을 이해하지 못했습니다. 어머니 역시 못마땅해 했지만 그래도 어떤 사람인지 보기나 하자며 남자

친구를 만나주었어요. 아버지는 이미 서류전형에서
탈락이라며 아예 대면조차 하지 않았고요.
그 외에도 많은 대화가 오갔는데 평소 아버지의
말투를 알면서도 상처를 많이 받았습니다. 그 상황을
알게 된 남자 친구는 반대가 심하면 부모님
허락 없이 그냥 결혼하자고 했지요. 저는 그러고
싶지 않았어요. 부모님뿐 아니라 동생들도 반대를
하더군요. 가족을 설득하지 못하는 제 자신이
바보처럼 느껴졌지요.

남자 친구는 차츰 지쳐갔고 저도 공부를 시작하면서
만남과 통화가 줄어들었습니다. 그러던 어느 날
남자 친구가 이별을 통보했지요. 어쩌면 제 의지가
나약하고 심성이 나빠서 남자 친구를 버린 것인지도
모릅니다.

친구들은 그 와중에 공부가 되느냐고 물었지만
이상하게도 저는 공부만 했어요. 밖에 나가지도
않고 종일 방에 틀어박혀 공부만 하는 저를 보고
어머니는 우울증에 걸릴까봐 걱정하셨죠. 남들은
연인과 헤어지면 밥도 못 먹고 술만 마신다는데
저는 감정이 메마른 걸까요, 아니면 지친 걸까요?
남자 친구와 헤어진 뒤 오히려 공부 시간을 더
늘리고 강박적으로 스톱워치까지 설정하며
공부했어요. 누가 시킨 것도 아니고 압박을 받지도
않았는데 말이에요. 문제는 이후로 아버지와

몇 마디만 나눠도 제가 큰 상처를 받는다는 데
있습니다.

저는 작은 사업체를 운영하는 아버지의 뜻에 따라
대학을 선택했다가 스스로 그만두기도 했습니다.
고등학교 때까지만 해도 아버지의 말씀이 곧
진리였죠. 아버지는 늘 노마드가 되라고 했고요.
아버지는 성격이 하고 싶은 말을 참지 못하고
굉장히 직설적입니다. 또 스스로 엘리트라는
자부심이 강해서 가족을 심하게 통제하지요.
저는 아버지 일에는 그다지 관심이 없어요.
다만 강압적이었다가 어떤 때는 살갑게 대해주는
아버지가 무심코 하는 한마디에 온갖 생각이
다 들면서 감정이 제어되지 않습니다.
서른이 다 되도록 아직도 아버지와의 관계를
제대로 정립하지 못한 제가 한심하게 느껴집니다.
어떻게 하면 아버지의 말 한마디에 엉엉 우는
어린아이 같은 상태에서 벗어날 수 있을까요?

"아버지와의 문제는 아주 간단하게 해결할 수
있습니다."

셜록 황이 딱 잘라 말하자 내담자의 눈동자가
커졌습니다. 본인에게는 무척 심각한 사안인데 쉽게
풀린다니 믿어지지 않는가 봅니다.

"집을 나와 독립하면 돼요."

내담자는 조금은 실망한 얼굴로 묵묵부답입니다.
그 순간, 이분 뇌를 스캔하니 '독립, 그게 말처럼 쉬우면
벌써 했지'라는 생각이 스쳐가네요.

만약 집을 나올 형편이 아니라면 어떻게 해야
할까요? 아버지 WPI 프로파일이 없어서 유감이지만
모든 것을 컨트롤하고 남자 친구를 학력으로 판단하는
것으로 보아 휴머니스트 성향이 높을 겁니다. 만약
아버지가 주위 사람들을 무시하는 성격이라면
아이디얼리스트와 휴머니스트의 특징을 동시에 보일
수 있어요. 여기에 리얼리스트 특성도 있다면 실제로는
주변인이 자신의 존재감을 인정해주길 바라지요.
한데 그것이 충족되지 않으면 도리어 다른 사람을
무시합니다.

이 유형이 사업을 하면 큰 거래처 대표를 만났을
때는 완전히 '을'의 자세로 납작 엎드립니다. 그렇지
않은 상대는 '을'로 취급하지요. 일단 내담자가
공무원이 되면 아버지는 어딜 가든 "내 딸은 나라에서
월급을 받아"라며 으쓱해할 것입니다. 당연히 딸을
대하는 아버지의 태도도 달라지겠죠.

· · ·

이분 아버지는 타인을 평가할 때 사회에서
일반적으로 통용되는 번듯한 기준과 간판을

중요시하네요. 또한 그것을 척도로 삼는 것이 옳다고
믿고요. 그 맥락에서 이분이 공무원이 되면 아버지와의
사이가 분명 좋아질 겁니다.

이분의 아버지처럼 리얼리스트, 휴머니스트,
아이디얼리스트가 거의 비슷한 사람은 자신이
가정적이고 사람을 차별하지 않는다고 착각합니다.
그러면서 자녀에게 자신이 세운 기준을 충족시키는
사람과 결혼해야 한다고 강요하지요. 그런데 잠깐,
생각해보면 대한민국의 평범한 부모라면 누구나 그렇지
않던가요?

내담자는 에이전트와 로맨티시스트 성향입니다.
여기에다 트러스트가 높아요. 이런 유형은 '다른 길이
없다'는 절박함만 있으면 뭐든 잘해냅니다. 아마 지금
'시험만 보면 공무원이 될 수 있다'는 다짐 아래 준비
중일 겁니다. 살짝 교만함도 엿보이는데 그럴 만도
합니다. 능력이 있거든요. 물론 실력이 엄청 뛰어나
감탄을 자아낼 정도는 아니어도 자신이 원하는 목표를
성취하는 데 장애는 없었을 거예요.

내담자는 아버지의 뜻에 따라 대학을 선택했다가
자퇴하는 바람에 아버지와의 관계가 나빠졌어요.
졸업한 뒤 아버지의 요구대로 일했다면 아버지는 딸을
"어디에 내놓아도 자기 몫을 하는 야무진 녀석"이라고

자랑했을 것입니다.

아버지는 속으로 딸이 대학을 나오면 사업을
거들어줄 것이라고 기대했을지도 모릅니다.
아버지들은 대개 무의식적으로 첫째 아이와 자신의
업을 연관지어요. 예전에는 그 대상이 장남이었지만
요즘엔 성별을 가리지 않지요. 보통 부모는 첫째 아이를
양치기가 양을 몰 듯 모는데 내담자는 현재 양치기의
뜻을 거부하고 울타리를 넘어간 양입니다. 차마 그 양을
쫓아내지도, 잡아먹지도 못하는 양치기는 울화가
치밀죠.

아버지가 노마드가 되라고 한 것은 당차게 세계를
누비는 '상사맨'이 되라는 의미입니다. 이분은 고등학생
때까지만 해도 아버지의 말을 절대적으로 따랐죠.
그런데 아버지가 시키는 대로 대학을 선택했다가
이건 아니다 싶어 그만뒀다고 해요. 본래 에이전트에
로맨티시스트라 아버지의 명령을 거역하지 못하는
자신에게 느닷없이 거부감이 든 거예요. 이분의
아버지가 좀 더 현명했다면 보다 쉽게 딸의 공감을
이끌어냈을 텐데 안타깝네요.

"네가 뭘 해도 상관없다. 하고 싶은 것을 해라."
아버지는 자신의 역할을 여기에서 끝냈어야 합니다.
딸이 대학에서 무얼 배우든 아버지의 일을 도울 수

있거든요. 솔직히 대학 전공을 살려 입사하는 사람이
몇이나 됩니까? 설령 아버지가 자신의 전공을 살려
회사를 운영하고 있더라도 모든 직원을 전공자로
채울 수는 없어요. 그러니 딸이 무엇을 배우든 직접
부딪치며 자신의 길을 가보도록 내버려뒀어야 하지요.
게다가 이분은 아버지의 사업에 관심이 없어요. 이것
역시 아버지에게 실망감을 안겨주었을 겁니다.

• • •

억압과 다정함을 넘나드는 아버지의 장단에 굳이
맞추지 않아도 괜찮아요. 자신의 소망을 분명히 깨닫고
그것을 아버지와 조율하면 되니까요. 그런데 아쉽게도
이분은 자신의 바람을 잘 몰라요. 딸이 간절히 원하는
것이 무엇인지 헷갈려하면 아버지는 이런 반응을
보입니다.

"내 말이 곧 법이다."

본래 딸의 소원과 아버지의 욕구가 불일치해도
설득은 가능해요. 예를 들어 아버지가 블루칼라 남자
친구를 받아들이지 않을 때 딸이 목숨이라도 거는
자세로 덤볐다면 달라졌을 거예요.

"아빠! 당장 결혼을 허락하지 않으면 내일 아침부터
저를 볼 수 없을 거예요. 이 남자를 데려올까요,
말까요?"

아버지는 틀림없이 이렇게 응답했을 겁니다.

"오냐. 아빠는 네가 세상에 살아 있는 것만으로도 충분하다. 만나보자."

이미 말했지만 이분 아버지는 강한 자에게 약해요. 그런 아버지의 비위를 맞춰주려 했으니 질질 끌려 다닐 수밖에 없지요. 이제라도 공무원 시험에 합격하고 나서 당당하게 말하세요.

"아빠! 제가 공무원이 되었으니 아빠의 사업과 관련된 부분을 더 공부할게요. 나중에 제가 아빠의 일과 관련해 공적인 측면에서 도움을 줄 수도 있잖아요. 언젠가 제가 아빠의 일을 맡을 수도 있고요."

아마도 아버지는 "네가 그런 기특한 생각을 하고 있을 줄은 몰랐다"라며 입이 찢어지도록 웃을 겁니다. 아버지의 회사를 정말로 물려받느냐 아니냐는 중요한 게 아니에요. 그건 그때 가서 고민해도 충분해요. 이것이 아버지를 조종하는 매뉴얼이지요. 아마 아버지는 딸이 자기 인생을 잘 개척한다고 확신하며 경제적으로 풍족하게 지원해줄 것입니다.

• • •

남자 친구는 이분을 사랑했지만 끝까지 지켜줄 자신은 없었나 봅니다. 한편으로 남자 친구가 이분을 과분하게 여겨 포기한 것인지도 모르고요. 흥미롭게도 이분은 자신이 의지가 나약하고 심성이 나빠서 남자 친구를 버렸다고 생각하네요. 사랑한다면 끝까지 가야 한다고 여기는 에이전트와 로맨티시스트 성향이 결합해 차이고도 자신이 버렸다는 놀라운 왜곡 심리가 나타난 것이죠.

'남들은 연인과 헤어지면 밥도 못 먹고 술만 마신다는데 저는 감정이 메마른 걸까요, 아니면 지친 걸까요?'라고 물었는데 둘 다 아니에요. 만약 연인과 헤어진 뒤 할 일이 없었다면 밥도 못 먹고 술만 마시며 폐인 모드로 들어갔을 테지요. 다행히 이분에게는 목표와 과제가 있었어요.

이분은 남자 친구가 좋았어도 마치 숙제를 하듯 연애했을 겁니다. 이런 여자 친구와 연애하는 남자는 얼마나 열이 받았을까요?

• • •

이분의 가장 큰 문제는 아버지가 무심코 하는 한마디에 상처를 받는다는 점입니다. 아버지는 딸이 통념상 그럴듯한 남자와 결혼하길 기대했을 거예요. 그런데 딸이 자신의 성에 차지 않는 남자와 결혼을 하겠답니다. 설령 그럴지라도 부모라면 응당 자식이 좋아하는 사람을 만나보는 게 도리인데 단칼에 잘라버렸어요. 분명 아버지 마음 한구석에는 쿨한 부모가 되고 싶은 욕심도 있었을 겁니다. 그렇게 차마 겉으로 내색하지 못한 본심과 드러난 마음이 뒤섞였지요. 그러니 아버지는 딸을 보면 울적해져서 화도 나고 연민이 들기도 하겠죠.

아버지 입장에서는 딸이 좋아하는 사람과 결혼하지도 못하고 공부를 한답시고 꾀죄죄하게 방구석에 처박혀 있는 게 속상했을 거예요. 마음에도 없는 독한 말을 쏟거나 잔소리를 늘어놓는 이유가 여기에 있어요. 딸이 안됐다고 여기면서도 윽박을 지르는 것은 소중한 딸이 반짝반짝 빛날 꽃다운 나이에 그러지 못하는 게 가여워서입니다. '혹시 나 때문에 그런 것은 아닐까?' 싶어 속이 불편한 것이죠. 이 복잡한 기분을 짜증과 분노로 표출하는 거고요.

에이전트에다 로맨티시스트인 딸은 아버지의 그 속사정을 상상조차 하지 못해요. 리얼리스트는 그리 낮지 않지만 릴레이션이 떨어지면 관계에서 발생하는 여러 다양한 변수를 의식하지 못하기 때문이죠. 현상을 정확히 파악하지도, 아버지의 진심을 알지도 못하는데 어떻게 자기 내면을 컨트롤할 수 있겠어요.

셜록 황은 사람들과 이런 대화를 자주 나눠요. 사람들이 종종 묻죠.

"저를 좀 더 조절하고 싶어요."

"혹시 당신이 어떤 사람인지 아세요?"

"모르겠습니다."

그럼 셜록 황은 "자기를 아는 게 우선"이라고
답해요.

놀랄 만큼 많은 사람이 자기를 알지 못한 채 고민을
해요. 이분 역시 갑자기 착한 딸로 돌아가 서른이
되도록 아버지와의 관계를 제대로 정립하지 못한
자신이 한심하게 느껴진다고 말하는데요. 아버지와
딸의 관계가 언제 정립되는지 아시나요? 바로 딸이
태어난 순간입니다. 나는 아버지, 너는 딸인 거죠. 뭘
새로 정립하고 말 것이 있나요?

이분 아버지는 딸과 대화할 때 늘 이런 심정일
겁니다.

'너나 잘해라. 네가 한 게 뭐가 있니? 아빠가 권한
학교는 도중에 팽개치고. 멋대로 들어간 회사는
힘들다고 나오고. 대체 어쩌자고 이러는 거냐!
참을성이라고는 눈곱만큼도 없고!'

아버지는 딸이 남의 회사에 다닌 것만으로도 이미
속상했을 거예요. 자기 회사에 딸의 자리를 마련해주려
했는데 딸이 아버지를 외면하고 다른 회사에
들어갔으니까요. 그리고는 더 강요했다가 큰일이
벌어질지 모른다고 생각해 지켜보기만 했으나 속에서는
천불이 났겠지요. 그나마 똑똑한 사윗감이라도
데려왔으면 좋으련만 그것도 아니고 난데없이 공무원

시험 준비를 하겠다니 아버지는 속이 타지요. 지금
가장 괴로운 사람은 바로 아버지 아닐까요?

이분의 아버지는 특이하거나 괴팍한 부모가
아닙니다. 이 정도면 평범한 편이지요. 딸들은 대체로
아버지가 유별나고 성격이 고약하다고 단정하지만
그게 다 자기 아버지라서 그런 겁니다. 아버지를
측은지심으로 바라봐야 합니다.

6

네가 진짜로 원하는 게 뭐야 · · · · ·

이 길고 긴 방황을 끝내고 싶어요

인생의 단계마다 진로 문제가 큰 숙제로 다가오나
봅니다. 시간에 후진이 없어서 선택에 신중해야
하니까요. 한데 인생의 단계가 중학교, 고등학교,
대학교, 사회로 바뀌어갈 때만 진로가 고민스러운 것은
아닌 모양입니다. 오늘 상담하러 온 대학생은 대학에
다니면서도 진로를 고민하네요.

무려 2년 동안이나 길게 방황 중인 여대생입니다.
제 고민을 한 줄로 요약하자면 이렇습니다.
'썩 좋아하지는 않지만 잘하는 것, 그것을 계속해야
하는가?'
2년 전, 그러니까 스물한 살 때까지 저는 조금도
고생을 하지 않았어요. 가정환경은 평범하지만
부족함이 없었고 '타고난 내 운은 과연
어디까지인가?' 싶을 정도로 일일 술술 풀려서
늘 제 능력보다 많은 것을 성취했지요.
외출을 하면 버스나 택시가 바로바로 오는 작은
행운부터 공부보다 하고 싶은 것이 많아 바빴던
고3 시절 '에라 모르겠다' 하는 심정으로 상향
지원한 서울권 대학 합격의 큰 행운까지, 제게
선택은 늘 즐거웠어요. 그래서 늘 끝이 좋을 거라는
확신이 있었죠.
그런데 대학에 입학하고 네 학기가 지난 뒤부터
조금씩 문제가 생겼어요. 일단 선택한 것은

끝까지 해내던 제가 이번에는 포기하고 싶어진 겁니다. 성적은 그리 나쁘지 않았지만 공부가 하기 싫어졌죠. 그 마음이 너무 강해서 며칠 동안 고민했어요.

저는 의외로 쉽게 실패를 받아들이고 휴학을 결심했습니다. 그때 부모님께 설명할 리스트를 작성하는 등 꽤 치밀하게 움직였고요. 리스트 내용은 대충 이랬습니다.

'전공이 건축공학이라 설계 과제가 너무 많아 일주일에 3일 이상 밤을 새우다 보니 내 시간이 없다. 과제물을 남에게 보여주고 평가받아야 하는데 그 주관적인 의견을 수용하는 것이 불편하다. 무엇보다 건축 설계를 배우는 게 그리 흥미롭지 않다. 휴학하고 1, 2년 동안 취미 생활에 몰두하고 싶다. 제빵학원에 다니고 책을 읽고 그림을 그리고 수학과 물리학을 공부하면서 부족한 점을 보충하겠다.'

부모님은 제 생각을 존중해주셨고 저는 이번에도 어떻게든 되겠지 하는 심정으로 안도했지요. 그때부터 긴 방황에 들어갔습니다. 당시 저는 흥미가 떨어진 건축공학에서 탈출해 그저 쉬고 싶었을 뿐, 휴학 후에 어떻게 하겠다는 계획이 없었어요.

부모님께 제출한 리스트는 한 학기만에 다

지켰지만 복학 날짜가 다가오는데 하나도 나아진 것이 없었습니다. 아무튼 복학한 뒤 수업을 빼먹고 도서관에 가서 책읽기에 열중하며 한 학기를 보냈지요. 그 나태함과 무력감이 참을 수 없이 끔찍했어요. 무얼 하고 싶은 욕구가 생기지 않았고 뭘 하고 싶은지 생각하는 것조차 크게 부담스러웠습니다.

'왜 나는 해야 하는데도 하기 싫다는 이유로 이렇게 도망을 칠까, 이게 싫으면 다른 걸 찾으면 그만인데 왜 모든 것이 하기 싫을까?'

이런 고민을 반복하며 제 자신에게 많이 실망했어요. 원래 저는 하기 싫으면 하지 않는데 그 사실에 회의감이 든 겁니다. 그처럼 게으르게 살다 보니 주변 사람들의 안부 인사가 무섭게 느껴지더군요. 요즘 무얼 하느냐는 질문에 대답할 말이 없었으니까요. 처음에는 창피하다는 생각도 없이 웃으며 "아무것도 하지 않고 집에서 놀아"라고 했는데 "어쩌려고 그래. 부모님이 많이 걱정하시겠다. 앞으로 나아지겠지" 하는 반응이 돌아오자 민망해서 사람들을 피하기 시작했습니다.

'하고 싶은 게 없는데 꼭 무얼 해야 하나?'라는 의문이 계속 머릿속을 점령했지요. 며칠간 고심 끝에 내린 결론은 다시 수능을 보는 것이었어요. 수능을 준비한 1년은 금방 지나갔습니다. 무언가를

알아가는 기쁨도 있었지만 '내가 뭐라도 하고
있구나' 싶어 뿌듯했어요. 물론 공부를 열심히
한 것은 아니에요. 그저 시간을 보내는 용도였던
수험생 생활은 효율적이지 못했지요. 결과도 좋지
않았고요.

부모님은 그래도 큰 도움이 될 지식을 얻었으니
자책하지 말라며 푹 쉬라고 격려해주셨죠. 한데
저는 그런 말에 조금도 위로를 받지 못했습니다.
수능에 걸었던 미래가 사라졌다는 생각에 불안하고
초조해졌지요.

다시 복학하면 흥미가 없는 건축 공부를 해야 하고
취미생활은 포기해야 합니다. 본래의 저라면
복학하지 않아야 해요. 건축 공부를 하기가
싫으니까요. 하지만 고민스러워요. 저는 어떻게
해야 할까요? 복학해서 졸업을 향해 달려가야
할까요, 아니면 좀 더 방황하면서 흥미로운 것을
찾을 때까지 기다려야 할까요? 진로 문제로 제가
이렇게까지 힘든 까닭은 무엇인가요?

"부모님께 휴학을 허락받으려고 리포트를 작성하는
것을 보니 에이전트가 확실하네요."

셜록 황이 살짝 미소를 머금고 말했습니다.

이분 WPI 프로파일을 보니 대단하긴 합니다.
자기평가와 타인평가가 거의 일치하는 에이전트에요.

이것이 무얼 의미하냐고요? 이분이 주어진 목표나
과제를 완벽하게 해낸다는 의미입니다.

• • •

내담자가 외출하면 버스나 택시가 바로바로 오고
대학에 지원했을 때는 큰 행운이 따랐다고 했는데
여기서 말하는 '운'은 무엇을 뜻할까요? 외출할 때마다
버스가 바로바로 왔다는 것은 제 시간에 맞춰 나갔다는
얘기지요. 공부보다 하고 싶은 것을 하느라 바빴던
고3 시절에는 야무지게 계획을 세워 놀 땐 놀고 공부할
땐 공부한 것이고요. 또 남들이 배치표를 기준으로
대학을 선택할 때 "배치표는 믿을 수 없어. 내가
생각하는 기준은 이거야"라며 자기 나름대로 근거 있는
척도를 세운 것이죠.

이런 유형은 자신이 마음먹은 것은 어느 정도
달성합니다. 몰입하면 원하는 것을 거의 얻지요. 노력한
사람일수록 자신이 최선을 다했다는 것을 시인하지
않아요. 반대로 별로 애쓰지 않은 사람은 죽을 고생을
했다며 엄살을 부립니다.

한데 이분의 사연 중에서 이해가 가지 않는 부분이
있네요. 전공에 흥미가 사라져서 자꾸 여기저기 다른
길을 모색하고 있는데 그럼 어느 분야로 가려고 수능을
치른 걸까요?

에이전트와 아이디얼리스트 성향이 높은 사람에게
가장 고통스러운 것은 목표가 증발하는 일입니다.
이들은 확실하게 지향하는 것이 있으면 거기를 향해
돌진하지요. 그럴 때 비로소 살아 있음을 느끼니까요.
"젊어서 고생은 사서도 한다"는 속담처럼 이분은 하고
싶어도 '살 고생'이 없어서 상담을 신청한 겁니다.

건축 설계는 완전히 창조적인 작업이에요.
창조한다는 것은 결코 쉬운 일이 아니지요. 창조하려면
맨땅에 헤딩해야 하는데 얼마나 어렵겠습니까? 그러니
정말로 재능이 뛰어나지 않다면 적응하기 어려웠을
거예요.

영화 〈아마데우스〉에서 살리에르가 모차르트를
보면서 외치지요.

"신이시여, 왜 모차르트에게만 재능을 주고
저에게는 주지 않으셨습니까!"

'재능의 신'이 사람을 편애해 누군가에게만 재능을
주었다고 개탄하는 일은 정말 많습니다. 모차르트
같은 천재성을 주지 않은 것까지는 어느 정도 감당할
수 있지요. 만약 남들은 모차르트의 탁월함을 알지
못하는데 오직 나만 알아본다면? 이건 신이 두 번
죽이는 형벌을 내린 셈이죠. 능력자의 뛰어남이 오직
내 눈에만 보일 경우 자신이 능력을 타고나지 못했음을
느끼며 괴로움에 몸부림칠 수밖에 없습니다.

이분도 그와 비슷할 가능성이 큽니다. 이분에게는 에이전트와 아이디얼리스트의 특성이 모두 있어요. 그리고 여태껏 공부도 잘했고 행운도 뒤따랐다고 했습니다. 실은 운이 좋은 게 아니라 그만큼 재능이 있었던 겁니다.

• • •

이쯤에서 W-Tbot인 저와 함께 18세기 말 오스트리아의 빈으로 가볼까요?

살리에르는 왕실의 인정을 받아 돈을 많이 버는 왕실 악장입니다. 반면 모차르트는 "천방지축에다 돈키호테 같은 이상한 녀석!"이라는 평판을 받고 있고요. 그러다 보니 살리에르의 악보는 비싼 값에 팔리는데 모차르트의 악보는 사겠다는 귀족이 없지요. 하지만 살리에르는 모차르트의 음악은 '신의 장난'이고 자신의 음악은 '인간의 노력'임을 알고 탄식합니다.

이제 21세기 대한민국 서울의 한 대학 건축과 실습실로 가봅시다.

한 여학생이 애써 준비한 설계도를 펼칩니다. 어딘가 모르게 독특하네요. 사실 학부생 작품은 괜찮은 부분도 있지만 새로운 시도를 하자니 뭔가 어설프고 앞뒤가 맞지 않기도 하지요. 교수와 동기들이 그걸 꼬집어 가차없이 공격합니다.

"이것은 왜 여기에 있니?"

"그러면 좋을 것 같아서요."

"건축에서 제일 중요한 건 기능이야. 기능적 측면을 살리지 않으면 아무리 아름다워도 소용없어. 기초가 부족하군."

기초가 부족하다고 비난을 받으면 상상력을 발휘해 새로운 아이디어에 도전한 사람은 열정에 금이 갈 수밖에 없지요. 스스로 참신하다고 생각하는 도전에 엉성하다는 악평이 쏟아지면 쥐구멍에라도 들어가고 싶어집니다. 모험을 했다가 혹독한 비용을 지불하는 셈이지요.

사실 교수들은 학생이 무얼 해도 성에 차지 않아요. 교수란 종족은 학생의 결과물에서 기어이 허점을 발견해 공격할 때 존재감을 느끼거든요. 심지어 그것이 교수의 역할이라고 믿지요.

만약 제자의 작품에 자신을 능가하는 아이디어가 숨어 있으면 학생은 몰라도 교수는 단박에 알아차립니다. 명색이 교수라 살리에르급은 되거든요. 이때 교수는 청출어람이라며 박수를 치지 않아요. 마치 학생이 자신의 자존심이라도 건드린 듯 괜히 꼬투리를 잡지요. 학생에게 교수의 필요성을 각인해 밥줄이 끊어지는 것을 막아야 한다는 절실함으로 비난을 퍼붓기도 하고요.

동기들도 마찬가지입니다. 한마디로 '부러우면 지는 거다' 하는 심정이지요. 솔직하게 칭찬하면 자기만 바보가 될까봐 엉뚱한 시비를 거는 겁니다. 콕 집어 들춰내야 자신의 가치가 오른다는 어리석은 심사지요.

특별히 한국인만 놀부 심보여서 그런 것은 아니에요. 이건 모든 호모 사피엔스의 특징이죠. 특히 한국에는 격려하거나 지지하기보다 '너를 깎아내려야 내가 산다'는 문화가 만연해 있지요. 이것은 한국인의 일반적인 생존 전략이기도 합니다.

• • •

셜록 황의 트레이닝 방법은 무시무시하기로 소문이 나 있어요. 자신의 가르침을 받는 사람들이 맷집을 갖추고 사회로 나가도록 철저히 담금질을 하거든요. 세상에 나가면 누구나 깨집니다. 그런데 셜록 황에게 혹독하게 단련된 사람들은 그것을 결코 두려워하지 않아요. '너희가 뭐라고 하든 나는 내 길을 가련다' 하는 강철 멘탈의 소유자로 거듭나거든요.

언젠가 뉴스에서 충격적인 사건을 본 적이 있어요. 과학고를 조기 졸업할 정도로 두뇌가 우수한 서울대생이 "생존을 결정하는 것은 전두엽 색깔이 아닌 수저 색깔"이라는 말을 남기고 옥탑방에서 투신했지요.

그 학생은 유서에 이런 글을 남겼어요.

"힘 있는 자의 논리에 굴복하는 것이 이 사회의 합리다. 나와는 너무도 다른 이 세상에서 버틸 이유가 없다. 그래서 나는 죽는다."

과학 영재에다 서울대 장학생이면 이미 수저 색깔이 바뀐 것 아닌가요? 이 학생은 서울대에 입학한 후 다시 약대 입시를 준비했답니다. 스스로 안정적인 미래를 대비한 것 같네요. 그렇다면 이 학생은 새로운 내일을 위해 충분히 공부했을까요? 결과적으로 보면 스스로 만족하지 못한 것 같아요.

전문직으로 방향을 틀었지만 막상 공부를 해보니 재미가 없었을 거예요. 성적은 어지간히 나왔겠지만 그걸로 흡족하지 않았을 테고요. 아마 '이걸 계속해야 하는가' 하는 회의감이 들었을 겁니다. 그러다가 집이 부자고 부모님이 의사, 변호사, 장관, 대통령이었다면 하는 아쉬움으로 발전했겠지요. 참으로 서글픈 사연입니다. 진심으로 고인의 명복을 빕니다.

• • •

다시 상담으로 돌아와서 이분, 자신의 고민을 한 줄로 요약했어요.

'썩 좋아하지는 않지만 잘하는 것, 그것을 계속해야 하는가?'

과연 어느 누가 이것을 고민으로 여길까요? 진로

문제는 누구나 겪지만 이분은 좀 달라요. 그런데 이분은 자신이 남들과 똑같다고 착각하고 있어요.

사람들은 대개 일하는 것보다 쉬는 것을 더 좋아합니다. 휴식은 삶을 여유롭게 만들지요. 하지만 일하지 않으면 게으른 것이라고 낙인을 찍는 이들에게 쉬는 시간은 인생 낭비에 불과해요.

이분이 자신이 겪는 어려움을 부모님과 상의한 것은 잘못입니다. 자녀가 대학에 들어가면 부모는 대부분 더 이상 의논 상대로 적합하지 않아요. 역량이 부족하거든요. 지갑을 열어줄 여력은 있어도 인생의 방향을 잡아주는 조언은 쉽지 않지요.

딸이 대학 생활을 버티지 못하고 휴학을 위해 리스트를 작성했을 때 그것을 그대로 존중한 것, 수능에 실패한 뒤 '그래도 큰 도움이 될 지식을 얻었으니 자책하지 말'고 한 것은 실수입니다. 물론 부모님이 나빠서 그런 게 아니지요.

이분은 주어진 임무를 잘 완수하는 유형입니다. 고등학교 때는 대학 진학이라는 미션이 있었지요. 대학 입학 이후에도 열심히 하긴 했는데 좋은 성적과 무관하게 '왜 해야 하는가' 하는 의심이 들었어요. 건축공학에 흥미를 잃은 이유가 여기에 있습니다.

또다시 수능을 공부하면서 '내가 뭐라도 하고

있구나' 싶어 뿌듯했다고 하고는 나중에 시간을 보내는
용도였다고 한 것은 성공하지 못했기 때문이에요.
어쩌면 수능에 재도전한 것 자체가 자신이 인정받는
익숙한 길이었기에 다시 간 것인지도 모릅니다.

내담자가 에이전트와 아이디얼리스트 성향을 더
드러내며 정말로 내 모습대로 살고 있는지 약간이라도
인식했다면 엉뚱하게 세월을 낭비하지는 않았을
겁니다.

• • •

괴롭고 힘들 때 누군가에게 속내를 털어놓으면
뜬구름 잡는 충고를 듣기 일쑤지요. 만일 내담자가
교수를 찾아가 학점은 괜찮지만 전공에 더 이상 흥미가
없다고 말하면 어떤 대답이 돌아올까요?

"잘하고 있는데 뭘 그래. 넌 문제없어. 아프니까
청춘이야."

건축 일은 아무래도 네가 치열하게 헌신할 분야가
아닌 것 같으니 다른 길을 찾아보라고 하지는 않지요.
보통 '그때는 원래 다 그렇다'는 식의 얘기를 합니다.

이분에게 도움을 주려면 다음과 같은 조언이
필요합니다.

"너는 지금까지 에이전트답게 열심히 살아왔어.
네가 고민하는 이유는 세상이 네 아이디얼리스트

성향을 받아들이지 않고 부정적 피드백을 주기 때문이야. 네 열정을 지키고 싶다면 최소한 5년은 '내 길을 잘 가고 있다'는 신념을 고수해야 해. 타인의 시선에 신경 쓰지 말고 네 삶을 사는 거지. 그렇게 역경을 거쳐 가는 것이 인생이야."

'아프니까 청춘'이라는 말과 '역경을 거치라'는 말은 그게 그거 같지만 다릅니다. 중요한 것은 아픔의 근본을 아는 일이지요. 이분에게는 아이디얼리스트 성향이 있는데 사회가 이분의 방식을 용납하지 않아요. 심지어 세속적 관점에서 손가락질을 하죠. 그렇다고 남들이 다 하는 방법은 이분이 달가워하지 않고요.

사람마다 시련의 동기는 달라요. 그 지점을 바로 짚어야지 '아프니까 청춘이다'라고 두루뭉술하게 퉁치며 답을 찾을 수 없어요.

이분의 WPI 프로파일을 보면 자기평가와 타인평가가 일치합니다. 아마 자신은 정말로 힘든데 남들은 거기에 동의하지 않을 겁니다. 오히려 "쟤, 잘난 척하는 거지?"라며 오해를 하지요.

'진짜 나'를 아는 것은 꼭 필요한 일입니다. 이것은 어떤 고차원적이고 철학적인 물음이 아니에요. 제대로 살고 싶다면 끊임없이 질문을 던져야 합니다.

"내가 진짜로 원하는 게 뭘까?"

현재의 고통과 고난의 이유를 알면, 즉 '참나'를 직면하면 해답이 보여요. 이분도 자기 자신에게 물어보며 지속적으로 테스트해야 합니다. 그 과정 자체가 삶의 희열을 안겨주지요. 그리고 이분, 제법 성적이 나오므로 건축공학을 계속 배워도 무방해요.

문제의 본질은 가슴 뛰게 하는 것이 무엇인지 집중적으로 탐색하지 않았다는 데 있어요. 제빵학원에 다니고 책을 읽고 그림을 그리고 이런저런 공부를 한 일은 남들이 좋다고 하는 걸 그저 흉내 낸 것에 불과해요. WPI 프로파일에서 자기평가와 타인평가가 일치한다는 것은 고민을 말하면서 그마저도 즐긴다는 것을 의미합니다.

심장이 뛰는 일을 찾아 진지하게 고민해보세요.

7

네 멋대로 해라 · · · · · · · · · ·

남편을 사랑하지만 이혼하고 싶어요

이번엔 남편을 사랑하지만 이혼을 결심한 전문직 여성이 상담실 문을 두드렸습니다. 톨스토이는 소설 《안나 카레니나》에서 "행복한 가정은 모두 모습이 비슷하고 불행한 가정은 모두 제각각의 불행을 안고 있다"라고 말했지요. 이들 부부에겐 무슨 일이 생긴 걸까요?

저는 결혼한 지 4년이 되었습니다. 그동안 일과 결혼 생활을 병행해왔는데 지금 굉장히 지친 상태예요. 결혼 후 2년 반쯤 지났을 때 시어머님이 불치병에 걸렸어요. 제 나름대로 열심히 모셨지만 서운한 말씀을 많이 하셨죠. 직장에서 바쁜 남편도 건강이 좋지 않고 제게 무심해서 외롭고 힘듭니다. 요즘 저는 다시 학교로 돌아가 학위를 따느라 바쁘고 고단한 시간을 보내고 있어요.

현재 저는 이혼을 결심하고 따로 나와서 살고 있습니다. 물론 남편을 여전히 사랑하지만 시부모님은 두 번 다시 보고 싶지 않을 정도로 마음이 돌아선 상태입니다. 늘 불평불만을 쏟아내고 쉽게 화를 내는 성격이라 도무지 적응이 안 됩니다. 남편만 보면 어떻게든 살겠는데 시부모님을 떠올리면 도저히 함께하기가 싫습니다. 실은 결혼 생활도 무척 고독했어요. 늘 제가 다

챙기고 돌보고 이끌어가느라 그랬던 것 같아요.
남편은 제가 하자는 대로 따르는 사람입니다.
그래서 언제나 제가 계획을 세우고 남편은 시키는
일만 하니 제 부담이 상당히 컸지요. 가족과의 일도
제가 나서지 않으면 지지부진하거나 진행되지 않아
제가 지치도록 매달렸던 것 같아요. 그것이 저를
무척이나 힘들게 했지요.
남편은 늘 나 몰라라 했고 저는 그 집안의 집사나
하녀가 된 듯한 느낌을 받았습니다. 아이도 없고
부부 관계도 소원해서 더 그런 생각이 들었는지도
몰라요. 부부 관계가 일방적이고 자기 욕구만
채운다는 느낌이 들어서 제가 거부한 지 1년
가까이 됩니다.
남편과 저는 둘 다 의사입니다. 저는 제 일에
자부심이 있고 또 좋아해서 열심히 하고 있어요.
좀 더 경력을 쌓고 연구도 제대로 하고 싶어서
다른 의사들이 전혀 하지 않는 실험도 했지요.
그러다 보니 많이 고단했지만 그보다 저를 더
힘들게 한 것은 남편의 투덜거림입니다. 제가
일을 좀 할라치면 "왜 당신만 그렇게 바쁜 거야!
교수님께 얘기해서 좀 빠지면 안 돼?" 하는
잔소리를 하거든요. 현재 가기로 예정된 대학
실험실도 관리해야 하고 학위도 마무리해야
해서 일은 일대로 힘들고 가정은 가정대로

갈라진 상황입니다. 제가 이 위기를 잘 해결하고
감정적으로 덜 지치려면 어떻게 해야 할까요?

정말 놀라운 사연이네요. 보통 '너무 지쳐서
이혼하고 싶습니다'라는 상담은 생활고나 빈곤에
시달리는 부부가 많이 합니다. 그런데 이분은 남들이
부러워하는 의사라는 직업에다 남편도 의사인데 물질적
풍요와 무관하게 삶에 지쳐 이혼을 고려하고 있네요.

• • •

이분은 남편을 여전히 사랑하지만 이혼을
결심하고 집을 나와 따로 산다고 했어요. 왜 마음이
복잡하게 왔다 갔다 하는 걸까요? 모든 인간의 심리는
기본적으로 이중, 삼중, 사중, 심지어 다중입니다. 물론
마음이 다중이라고 해서 비난받을 이유는 없지요.

가령 밥솥은 멀티 코팅으로 감싸면 더 좋지
않나요? 마찬가지로 삶에서도 마음이 얼마나 멀티
코팅이 잘되어 있는지를 아는 게 중요합니다. 코팅을
많이 했다고 삿대질할 일은 아니지요. 그건 악한 게
아니니까요. 어떻게 코팅하고 어디에 강점이 있으며
어떤 어려움이 있는지를 논의하면 그만입니다.

남편을 사랑하는데 시어머님이 불치병에 걸려
시댁과의 관계가 좋지 않다고 하는 이분은 남편과
결혼한 걸까요, 아니면 시댁과 결혼한 걸까요? 당연히

남편이죠. 부부의 연은 남편과 맺었는데 시간이
지날수록 시댁과 결혼한 것처럼 남편이 무심했으니
이분이 섭섭해하는 것은 당연합니다.

．．．

　별거 중인 아내가 남편을 사랑한다면서 이혼하고
싶어 합니다. 이런 심리 상태가 가능한 일이냐고요?
당연히 가능합니다. 특히 요즘에는 이런 사례가 많아요.
그 원인 중 하나는 독립할 능력을 갖춘 여성이 증가한
데 있습니다. 충분히 혼자 살 수 있는데 굳이 지질한
남편을 견디며 스트레스를 받을 이유가 없거든요. 이건
경제적인 문제에 국한된 것이 아니에요. 사회적으로
번듯해도 남편이 제 역할을 다하지 못하거나 의욕이
없다면 그건 지질한 것이지요.

　이 부부의 이혼 여부는 남편이 어떻게 하느냐에
달려 있습니다.

　우선 남편의 심리를 추측해보면 이분 남편은
아내를 지극히 사랑하지 않아요. 이미 여자 친구가 있을
가능성도 큽니다. 추정에 불과하지만 1년 가까이
부부 관계가 없었고 또 의사라 경제력이 있잖아요.
부부 관계는 다른 여성과 하고 있을 확률이 높고 어쩌면
아내의 이혼 요구를 기대하고 있을지도 모릅니다.

지금 많이 안타까운 상황인데 만약 이분이 일찌감치 자신을 좀 더 잘 알았다면 문제에 다르게 접근했을 겁니다. 아쉽게도 그걸 파악하지 못하고 있어요. 이대로 죽 가면 결국 이혼하겠죠.

이분에게는 두 마리 토끼가 아니라 열 마리 토끼를 잡을 능력이 있어요. 단, 그 열 마리 토끼가 무엇인지 알아야 하죠. 지금 이분은 자신이 한 마리를 잡고 있는지, 두 마리를 쫓고 있는지 잘 몰라요. 더구나 자신이 뒤쫓는 것이 토끼인지, 여우인지, 오리인지조차 구분하지 못하고 있네요.

자신이 어디에 있는지도 모르면서 그저 간절히 달리고만 있는 건 이분의 성향이 에이전트이기 때문이에요. 에이전트는 주어진 과제를 힘껏 수행하는 유형인데 이분은 셀프가 과도하게 높아서 더 혼돈을 느끼고 있어요.

이럴 경우 주어진 목표가 자신에게 어떤 의미인지 정확히 인식하지 못한 채 토끼든 여우든 움직이는 것은 뭐든 쫓아다니며 중구난방 일하는 경향이 있어요. 그러다가 어느 순간 '내가 여태 무얼 한 거지?' 하는 회의감이 찾아옵니다. 예를 들면 너무 고달픈데 도와주는 사람은 없고 '남편은 내 편인 줄 알았더니 남의 편이구나' 하는 섭섭함이 밀려오는 거지요.

설령 에이전트일지라도 역량을 갖추지 못한 사람은
자포자기하고 좀비 모드로 지냅니다.

"그냥 하녀로 살자. 내가 공주인 줄 알았더니
바리떼기공주였나봐. 그냥 이렇게 살지 뭐."

그런데 이분은 에이전트인데 셀프가 굉장히 높고
능력도 뛰어나서 혼자 생활하는 데 전혀 어려움이
없어요. 그러니까 두 마리, 세 마리 토끼를 쫓느라
고생할 필요가 없다는 생각으로 누구네 집 집사나
하녀로 살지 않겠다는 마음을 먹는 것이죠. 나아가
남편을 여전히 사랑한다고 했지만 '자기 주관도 없이
행동하는데 뭐 하러 남편 대접을 해!'라는 반발심이
생겼을 거예요.

이분에게는 결혼 생활을 유지할 절실함이 없습니다.
사랑은 사람의 마음과 관련된 것인데 흥미롭게도
이분은 그것이 마치 수학 공식인 양 '감정적으로
덜 지칠' 방법을 찾고 있어요.

• • •

사실 고민의 요점은 단순합니다. 남편과 이혼할
것인지 아닌지는 이분이 어떤 삶을 더 중요하게
여기느냐로 판단해야 해요. 내담자는 평범한 의사가
아니라 의대 교수가 되고 싶어 하네요. 또한 사회적으로
좀 더 성공하고 인정받기를 바랍니다.

이런 상황에서 이분에게 남편의 존재가 도움이

될까요? 대학교수를 선정할 때 뛰어난 실력의 싱글 여성을 뽑으려 할까요, 아니면 가정에 얽매여 활발히 연구하기도 어렵고 가족을 챙기느라 바쁜 여성을 뽑으려 할까요?

불편한 진실이지만, 지극히 현실적으로 내담자에게 남편은 거추장스러운 존재예요. 이분은 남편이 거치적거린다는 생각을 강하게 하고 있어요. 그런 이유로 집에서 나왔지요. 정말로 이혼하고 싶지 않다면 남편의 가치를 다시 정의해야 합니다.

"너, 앞으로도 쭉 방해할 거야, 아니면 협조할 거야?"

그 선택은 남편의 몫입니다.

이혼을 결심한 내담자는 남편의 의사와 무관하게 '제가 이 위기를 잘 해결하고 감정적으로 덜 지치려면 어떻게 해야 할까요?'라고 물었습니다. 이미 집을 나왔으니 남편을 생각하지 않으면 덜 지칠 겁니다. 시댁은 마치 결혼 전으로 돌아간 것처럼 행동하면 그만이고요. 그러면 더 이상 피곤할 이유가 없지요.

그래도 아직은 법적으로 부부인데 시댁을 깡그리 무시할 수는 없지 않느냐고요? 다 가질 수는 없어요. 혼자 살기로 했다면 선을 그을 것은 확실히 그어야지요. 사고방식과 생활이 일치해야 갈등이 생기지 않아요. 행동과 사고방식이 따로 놀면 심정적으로 괴로움만

늘어납니다. 손수 함정을 파놓고 '덜 지치려면
어떻게 해야 하는지' 해법을 찾는 것 자체가 좀
아이러니하네요.

시대와 완전히 결별하고 결혼 자체를 무효화하면 즉
행동과 생각이 일치하면 더 고민할 일이 없어요. 현재
내담자는 사실상 인연을 끊고 홀로 살겠다는 결심을
했습니다. 이 상태를 지속해야 할지, 아니면 변화를
추구해야 할지 묻는다면 대답은 간단해요. 좋아하는
일을 계속하되 외로움을 덜고 싶다면 남자 친구를
사귀세요.

여기서 하나 걸리는 대목은 남편을 여전히
사랑한다는 것이죠. 그럼 그 '사랑'을 한번 살펴볼까요?
사랑은 주는 걸까요, 받는 걸까요? 사랑은 주는 겁니다.
그런데 이분은 사랑하는 남편을 위해 무엇을 주고
있나요? 말로는 사랑한다지만 실제로 남편에게 애정을
주지 않아요. 신혼 시절에는 아낌없이 주었을지 몰라도
더 이상은 아니에요. 이건 무얼 의미할까요? 이분은
지금 자신이 해야 할 '숙제'를 사랑할 뿐 실은 남편에게
애정이 없어요. 남편을 사랑한다고 믿어야 죄책감이
덜하니까 자기합리화를 하고 있을 가능성이 큽니다.

　내담자는 에이전트답게 직접 계획을 세워 일을
추진하는데 그와 반대로 남편은 시키는 일만 해서
힘들다고 합니다. 또 열심히 일해도 제대로 평가받지
못하고 긍정적인 피드백 대신 '얘, 넌 왜 그 모양이니?'
하는 부정적 응답을 받았지요. 사실 이분은 최선을
다했어요.

　에이전트에게는 자신이 누구보다 일을 잘
처리한다는 자부심이 있어요. 따라서 일을 했을 때
비판을 받으면 존재 자체를 부정당한 것 같은 심리
상태에 빠지지요. 특히 가족에게 그런 말을 들으면
심리적 타격이 매우 커요. 이것이 시부모를 두 번 다시
보고 싶지 않은 원인이에요. 남편이 시댁과의 관계를
조율해주거나 달래준 것도 아니니 남편 역시 꼴도 보기
싫겠죠.

　아마 이분은 시부모를 잘 모셨을 겁니다. 하지만
불치병에 걸린 시어머니는 며느리에게 은근히 압박을
가했을 거예요.

　"넌 의사인데 시어머니 병도 못 고치니?"

　이것은 부모가 자식에게 "너는 나를 닮아 머리가
좋으니 조금만 더 노력하면 반에서 1등 정도는 우습게
할 수 있다"라고 엄포를 놓는 것과 같아요. 에이전트
며느리에게 시어머니의 이러한 압박은 굉장히 나쁜

효과를 냅니다.

이분은 '일은 일대로 힘들고 가정은 가정대로
갈라진 상황'이라고 했는데 일에 치이는 것은 이분이
직접 선택한 과제입니다. 일을 잘하고 싶어 하니
잘하면 그만이지요. 반면 이분에게 가정은 필수 과제가
아니에요. 가정은 뒤로 밀어놨어요.

이분이 심리적 안정을 찾으려면 우선순위부터
실행해야 합니다. 현재 남편은 첫째가 아니고 둘째죠.
최우선 순위는 지금 하는 일인데 이분이 이것을 명확히
인지하면 마음이 편해질 겁니다.

이분의 WPI 프로파일을 보면 셀프가 높아서
치열하게 일합니다. 그러니 스스로 자존감을 높여
야지요. 문제는 남편인데 이분의 심정은 이렇습니다.

'나는 의사로서 일을 잘하고 가정도 살뜰히 챙기는
슈퍼우먼이어야 해. 그런 내가 남편을 팽개쳐뒀어.
그럼 나는 어떻게 되는 거지?'

거추장스러운 남편을 어떻게 정리해야 할지
고민스러운 거지요. 사실은 정리하고 말고 할 것도
없어요. 이 상태로 1년쯤 지나면 남편이 먼저
헤어지자고 하거나 시댁의 형편이 바뀔 수도 있어요.
병상의 시어머니가 세상을 떠날지도 모르지요.
그렇다고 난제가 사라지는 것은 아닙니다. 만약
시모상을 치르면 이분은 사회적으로나 스스로

'나쁜 며느리'라는 주홍글씨를 가슴에 새길 수도 있어요. 하지만 이분은 그걸 평생 안고 지낼 각오를 다지지 않았지요.

과거에 시부모를 극진히 봉양하고도 상처를 받은 것은 이분이 하고 있는 고민의 본질이 아니에요. 문제의 핵심은 이것입니다.

'내 삶의 가치를 내 일에 둘 것인가, 남편과의 관계에 둘 것인가?'

• • •

선택은 어렵지 않아요. 거의 1년간 부부 관계가 없었고 남편도 자기가 하고 싶은 대로 하는 유형이니까요. 이분의 남편은 좀비에 가깝습니다. 다른 사람과 결혼할 자신도 없고 앞날이 불안정하지만 현 상황을 바꾸기 힘드니까 그냥 참고 살 뿐이지요. 딱하게도 시어머님이 돌아가시면 남편은 아마 아내를 원수로 취급할 겁니다. "너 때문에 돌아가셨다!" 하겠죠.

내담자는 내가 얼마나 열심히 모셨는데 그런 말을 하느냐고 항변할 테지만 남편의 입장에서는 어머니를 잃은 아픔이 훨씬 더 크겠지요.

내담자가 일과 사랑이라는 두 마리 토끼를 다 잡으려면 동지를 만들어야 합니다. 로맨티시스트의 경우 자녀가 그 역할을 하지만 에이전트는 남편 아니면 남자 친구가 동지가 되어야 하지요. 이분은 남편이 동지였으면 했어요. 가정과 직장에 모두 열정적으로 임하면 남편이 저절로 동지가 될 줄 알았는데 그렇지 않았지요. 아내가 주도적으로 계획하고 추진하자 남편은 그저 추종자로 전락하고 말았어요.

이분은 집안의 대소사를 척척 해내는 능력 있는 며느리였지요. 그러다가 갑자기 그 좋은 며느리가 "내가 이집의 집사야? 하녀야? 내가 이집의 딸도 아닌데 나한테 왜 그래?"라며 반항하기 시작한 것입니다. 그런데 이제는 남편에게 주도권을 넘겨주고 마음대로 하라고 할 수도 없어요. 그것은 호랑이더러 토끼처럼 살라거나 토끼더러 호랑이처럼 굴라고 하는 것과 똑같으니까요.

에이전트는 꼼짝하지 않고 시체처럼 누워 있지 못하는 종족입니다. 더구나 이분은 셀프까지 높아요. 즉, 주어진 일을 잘 실행하는 인생을 지향해요. 그것이 개인적인 과제인지, 가족과 연관된 것인지, 내 감성을 충족시키거나 이성을 합리화하는 것인지만 구별했어도 별다른 어려움이 없었을 겁니다.

이분은 지금 자신의 감정과 해야 할 일 사이에서 혼란스러워 일만 신경 쓰겠다고 다짐한 상태예요. 이혼은 때가 되면 남편이 자연스럽게 요구할 확률이 높아요. 그러니 지금은 자신이 하고 싶은 일에만 한껏 매진하는 것이 정답입니다. 그러다가 남편이 이혼을 요구하면 책임감 따위는 벗어던지고 받아들이세요. 만약 이분이 지금 당장 이혼하자고 나서면 남편에게 두 번 죽일 사람이 되고 맙니다. 어차피 남편과 연분도 아닌데 괜히 나서서 화살을 맞을 필요가 있나요? 자신에게 최우선 순위인 일에 초점을 두고 다른 것에는 모두 관심을 접으세요.

에이전트

일을 통한 성취감에서 존재감 획득

— 업무가 인간관계에 우선.
— 결과 지향적, 과제 중심적.
— 유능함, 일에 대한 본인의 스타일이 분명하고
　성과를 낼 수 있다는 확신이 강함.
— 오타쿠이자 현대판 한량.
— 일이든 취미든 강박적으로 집착.

　자신에게 주어진 과제를 수행하는 것에 능한 종족인
에이전트는 마치 일을 하기 위해 태어난 사람 같습니다.
에이전트에게는 일이 곧 생활이고 생활이 곧 일입니다.
맡은 바 임무를 완벽하게 해내는 것에 뿌듯함과 자부심을
느낍니다. 일을 통한 성취감에서 존재감을 획득하는
에이전트는 직장 내에서도 인간관계보다 업무를 우선시합니다.
주어진 과제를 확실히 수행해야 두 발 뻗고 자는,
책임감으로 똘똘 뭉친 성격입니다.
　에이전트는 항상 계획적으로 움직입니다. 주어진 과제를

철저히 분석하여 정확하게 완수하고 결과물의 우수한 품질을 보증하기 위해 불철주야 노력합니다.

에이전트에겐 유능해야 한다는 강박증이 있습니다. 프로젝트 보고서를 마치고 출력할 때 가장 만족감을 느낍니다. 간섭을 싫어하는 에이전트는 일임해서 일을 하는 것을 좋아합니다. 그래서 가끔 인간미가 느껴지지 않아 차갑고 과제중심적인 인간으로 보이기도 합니다. 지나치게 추진력을 발휘하다 보니 독선적이라는 평가도 듣습니다. 직장 상사인 에이전트는 나태한 부하를 두고 보지 못합니다. 일에 목숨을 걸기 때문에 내공이 있는 선수끼리 일하는 것을 좋아합니다.

에이전트는 변화가 생기는 것을 좋아하지 않습니다. 프레임이 정해진 상황에서 자기 나름의 스타일대로 수행하는 상황을 좋아할 뿐 프레임을 짜는 데는 익숙하지 않습니다. 그리고 처음에 그려 놓은 판이 바뀌는 것을 힘들어합니다. 이 때문에 에이전트는 계획이 바뀔까봐 노심초사합니다. 복잡한 상황 속에서, 다양한 인간관계 속에서, 자기 스타일대로 일을 진행할 수 없을 때 에이전트는 좌절합니다. 그래서 업무 계획이 자주 수정되면 에이전트는 일을 놓아버리고 완전히 포기하는 모습을 보이기도 합니다.

에이전트는 취미 생활을 할 때에도 전문가 뺨칠 정도로 몰두합니다. 에이전트에겐 취미 역시 해결해야 할 과제이기 때문입니다. 만약 어떤 에이전트의 취미가 프라모델 조립이라면 몇 시에 집에 들어가든 반드시 두세 시간씩 건담을 조립하고서야 잠이 듭니다.

에이전트의 뿌듯한 자기 찾기

일 열심히 하는 게 어때서

첫판 1쇄 펴낸날 2017년 11월 3일
      3쇄 펴낸날 2022년 5월 25일

지은이 황상민
발행인 김혜경
편집인 김수진
편집기획 김교석 조한나 김단희 유승연 임지원 곽세라 전하연
디자인 한승연 성윤정
경영지원국 안정숙
마케팅 문창운 백윤진 박희원
회계 임옥희 양여진 김주연

펴낸곳 (주)도서출판 푸른숲
출판등록 2003년 12월 17일 제2003-000032호
주소 경기도 파주시 심학산로 10(서패동) 3층. 우편번호 10881
전화 031)955-9005(마케팅부), 031)955-9010(편집부)
팩스 031)955-9015(마케팅부), 031)955-9017(편집부)
홈페이지 www.prunsoop.co.kr
페이스북 www.facebook.com/simsimpress   **인스타그램** @simsimbooks

ⓒ황상민, 2017
ISBN 979-11-5675-718-4(04180)
ISBN 979-11-5675-713-9(세트)

심심은 (주)푸른숲의 인문·심리 브랜드입니다.